「仕事ができない」と言われたら

マーケターのように考える

戦略コンサルタント／
事業プロデューサー
山本大平

大和書房

はじめに——成果を出すのが難しい世の中になっている

あなたが将来、
〝ああはなりたくないな〟と思うような
仕事の成果が出せていない上司像を
思い浮かべてみてください。

- 話が抽象的すぎて、結局なにが言いたいのか伝わってこない。
- 顧客の声や起きている事象を見ずに、自身の理想像ばかりを押し付ける。
- 知識やノウハウばかりをひけらかし、雑談や武勇伝を語り会議を長引かせる。
- 成果も出せていないのに、人の提案に対しては、文句ばかり言い、最終的には「俺、正論嫌いなんだよね」などと言い出す。
- 論点をずらしてまで人の話を捻《ね》じ曲げようとする。
- 周りにゴマすりやヨイショばかりして、自身の評価を上げることに必死になっている。

こんなところでしょうか。

誤解のないよう先に説明しておきますが、
本書は上司の悪口を紹介する本ではありません。

では、なぜ〝なりたくない上司像〟を、あなたに聞いたのか？

先ほど挙げたような上司像は、あなたの将来像かもしれないからです。

といいますか、

もしかしたら
サラリーマンのほとんどの方が、
このような将来像に向かっている
可能性さえあるのではないでしょうか。

理由はシンプルで、成果の方程式が昔とは変わってきているからです。

先ほど例に挙げたような上司の方も、一生懸命、ビジネス本を読んだり、先輩の指導を受けながら成果を出すためになにができるか考えていたりするかもしれません。

しかし、

成果を出すための
努力(労力のかけどころ)が
そもそも間違っていては
量をこなしていても効果は出ません。

これまでの成果を出すための方程式は、

知識×ノウハウ×
コミュニケーション力

でした。

しかし、今や、**知識ばかりを持ち合わせていても、うまくいかない世の中に移行しつつあります。これからは知恵の時代です。**

なぜなら現代社会では、知識と情報はデジタル技術の進化で簡単に手に入れることができるようになったからです。

例を出して説明させてください。

**突然ですが、
アルメニアの人口を教えてください。**

答えが出るまで次のページをめくらないようお願いします。

アルメニアの人口は、約300万人です。

皆さんこの質問に答えるために、なにをしましたか？
だいたいの方はインターネットを使って調べたはずです。

今皆さんに体験してもらったのは、
誰もが「最短」で「適切な知識」を手に入れることができるという

「危機感」です。

課題解決方法がありふれているということがおわかりいただけたでしょうか。
ネット検索がなければ、この約３００万人という数字にたどり着くのに何日かかることでしょう。

◎ 今後は思考レベルで人間が機械にとって代わられる

わかりやすくたとえるとするならば、あなたの仕事が英文の翻訳だとすると、グーグル翻訳がない世界では、英語ができる人が重宝されますが、翻訳ツールの登場で誰でもそれなりに英文を日本語に翻訳できるようになりました。

当時はすごいとされていたことが、当たり前＝普通になってしまう。

今はそんな世の中です。

これは知識に限った話ではなく、誰でも簡単に質の高い情報を多く得られるような環境が構築されている今、ノウハウや手段に関しても平準化されていると言うことができます。

課題解決方法がありふれていることが当たり前になってしまったら、平均点から抜け出すことはさらに難しくなってしまいます。

つまり、**単なる課題解決方法の手数の多さや問題解決の型だけで勝負していては、周りから抜きん出るような成果を出すことは難しい**ということです。

よく言われている「機械にとって代わられる」というのは作業レベルの話だけではなく、思考レベルにおいても機械にとって代わられてしまいます。

今や最新情報をキャッチアップしたり、ノウハウを学んだり、要は、昔は評価されてきたような頑張り方をしていても成果には近づけないと言い換えることもできるでしょう。

成果を出すために必要な「マーケター視点」

成果を出すための方程式の話に戻りますが、今の成功方式は、

知識×ノウハウ×コミュニケーション×マーケター視点

であると思います。

マーケター視点とは、大きく分けると

ものごとの見方

情報のとり方

情報のさばき方

そして**戦い方**です。

この手法を活用して仕事をしている職業がマーケターです。

マーケターといっても調査手法や分析手法について説明するセミナーを開催したり、難しいカタカナ語や数字をたくさん並べたり、〇〇マーケターと名乗ったりすることではありません。

最近、世の中で使われているマーケティングという言葉は、業務効率化において使われている印象があります（「CPMが〇・〇倍になった」のように）。とくにWEBマーケティングの世界では、実は「効率化」の仕事を〇〇マーケターと呼ぶことが多いのではないでしょうか。

真のマーケターは、**市場で求められているものに自身の経験を通して気づき、そして情報を自身でとりにいき、戦う場所を定め、市場そのものを動かします。**

デジタル数値の効率化はあくまで改善であり、市場そのものをドラスティックに躍動させているわけではないのです。

そして、この本物のマーケター視点は人間の知識やノウハウの知識量が一定化された今、さらに重要視されるようになると思っています。

これまでたくさんのビジネス本や、経済新聞を読んだりしてきて、知識やノウハウがたくさんあっても、このようなダイナミックな視点をもっている方は少ないのではないでしょうか。

その理由の一つとして、冒頭で挙げた〝ああはなりたくない上司像〟に共感する方も少なくないのではないでしょうか?

共感いただけるということは、今はそれだけ「マーケター視点」を身につけていない方が多いということなのかもしれません。

この本には、
平均点から抜け出すために必要な
「マーケター視点」
が書かれています。

特別な才能は必要ありません。
まずはこの本を読んで
自分になにが足りないのか？
自分は今からなにをするべきなのか？
それを考えてみてください。

話は変わりますが、ここで私の経歴を紹介させてください。

私は新卒でトヨタ自動車に入社し、新車開発のエンジニアからキャリアをスタートした後、テレビ局のＴＢＳに転職しました。

その後、外資系コンサルティング会社などで経営の経験を積み、現在はＦ６Ｄｅｓｉｇｎ株式会社というマーケティング領域に特化した経営コンサル会社を経営しています。

これまでの経験を振り返ってみると、一貫して意識していたことが、この「マーケティング視点」でした。

「企業はこうあるべきだろう」「顧客はこうすればきっと喜ぶだろう」という現場視点を無視した戦略、戦術立案は一切せず、常に現場視点でものごとを洞察し、「普通はこうでしょう」「常識でしょう」などの言葉ではなく、「正論」（後に解説）に重きを置いてきました。

また、ここでいう「現場視点」とは、すなわち「**顧客視点**」です。

クルマの開発では、私は「レクサス」や「カローラ」の内装モジュールを担当していました。お客様にとって疲れないシートづくりや走行中の車室内のノイズの低減、あるいは「こんな機能があったらいいのにな」（たとえばＵＳＢコネクタの実装）など、そういったお客様目線でのクルマづくりを仲間と行ってきました。言ってしまえば、プロダクトマーケティングです。顧客に喜んでもらいたい、顧客を不安にさせたくない、その一心で細部にわたってクルマづくりに没頭していたと思います。

一方でＴＢＳでは、『日曜劇場』や『ＳＡＳＵＫＥ』、『日本レコード大賞』などＴＢＳの注力番組のマーケティングに多く携わらせていただきました。たとえば『ＳＡＳＵＫＥ』では、「日本では飽きられている」といった空気が当時は局内に浸透していたタイミングで私が関わることになったのですが、プロデューサーとタッグを組んで、分析のうえで見えてきた『ＳＡＳＵＫＥ』を潜在的に求めている層の存在に気づき、半ばその層だけに絞ったプロモーション施策を複数開発しました。結果として、それまでの視聴者層を年配の方から若者へと完全に入れ替えることに成功しました（もちろん素晴らしいコンテンツがあってこその話です）。

『日本レコード大賞』でも、当時の総合演出の方と歌手が歌う順番までを、休日の下北沢のスターバックスで開店から閉店までコーヒー一杯で練りに練って決めていたことはいい思い出です（一つわかりやすい事例を挙げるならば、子どもたちが布団に入る時間まで調べ上げ、当時流行っていた『妖怪ウォッチ』をどこに登場させるかが全体視聴率を伸ばすための最大のポイントであることが統計学上見えてきました）。運も作用して視聴率は15％を超え、番組開始から番組終了までのグラフもＴＢＳは他局比較でも最も高い視聴率となりました。

ＴＢＳを退職してからも、「半沢直樹 シーズン２」のプロモーション施策を放送回途中から練ることになったりと（正確には、プロデューサーから突然、「なんとかして」と連絡がきた）、マーケティングの力でできることを起案し、プロデューサーの方にコンサルさせていただきました。もちろんタダで（笑）

今の私が率いている会社も、基本的にこの視点はなにも変わっていません。

マーケティングのコンサル会社と銘打っていますが、言ってしまえば、「**究極の顧**

客視点で考える」ことを一貫して行う会社です。プロダクトであろうが、プロモーションであろうが、経営のコンサルであろうが、すべて「**エンドユーザー思考**」を徹底したコンサル会社を営んでいます。

さらに言うと、この「**究極のお客様思考**」の根底の部分を押さえ、そのうえで戦略を練ることができれば、**マーケットをイングする（市場を動かす）レベル感**で、すなわち**マーケティングすることは誰でもできる**と思っています。なぜなら、こんな平凡な私でもできているのですから。

そして、（私も弊社もまだ修業中の身ですが）、ここで言うマーケティングは事業活動そのものだと考えるに至りました。

◎ 本書の構成

本書は少しでも多くの方に手に取ってもらいたいと思い、物語パートと解説（STUDY）パートに分けて執筆を進めました。

私も若い頃そうだったのですが、ビジネス書を買っても小難しいものが多く、最後まで読み切れた本が意外と多くはなかったので、自身の経験から、私のビジネス書は

「極限まで読みやすさ」を重視しています。

そして今回は特に、マーケティングという専門的な話にも触れるので、物語を作成し、**マーケティングとは縁遠かった方にも興味をもってもらえるようにお客様視点を入れてみました。**

もちろん本書は小説ではなく、あくまでビジネスシーンで役立つ本として執筆していますので、そこの目的は解説パートで説明している構成です。

本書をお読みいただくことで、特に前述したようなマーケティング視点と、その視点がなぜビジネスに最も必要なのかといった根本の部分について理解を深めていただければと思います。

これから紹介する内容は、**頑張っているのに成果が出ずに、自分には才能がないのだと、あきらめてしまう方が一人でも減るように**、「ある条件」さえ満たせれば、誰にでも実践できる方法についてシンプルにまとめています。

この本は、マーケティングに関わる部署に配属される新社会人の皆さんはもちろん、それ以外の部署に所属している方にとっても仕事で成果を出すために私なりに重要だと考えていることを書いています。

新しい環境にもそれなりに慣れてきて、自分なりに足りない部分を補填しながら仕事をしてきているものの、目立った成果を出せず思い悩んでいる方にも重要なメッセージをお伝えできるかと思います。

正しい努力をして自分起点で成果を出せる方が少しでも多くなることを目指して。

山本 大平

目次

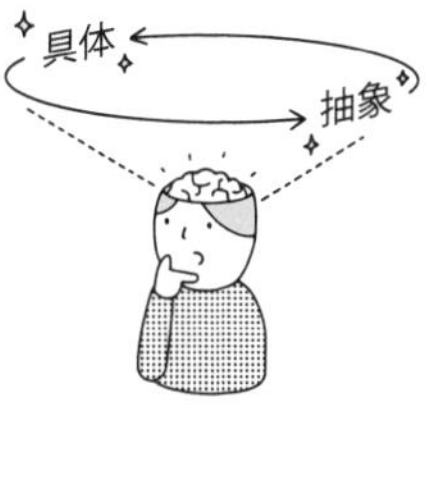

LESSON 2

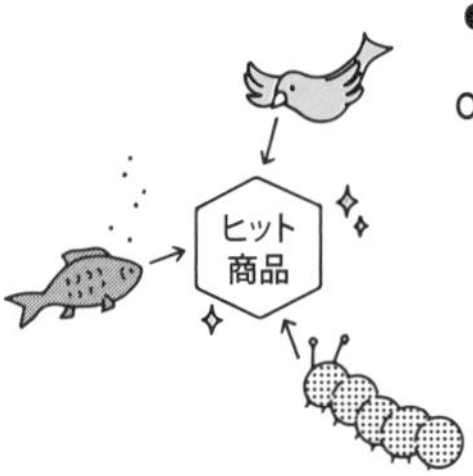

LESSON 3

LESSON 4

LESSON 5

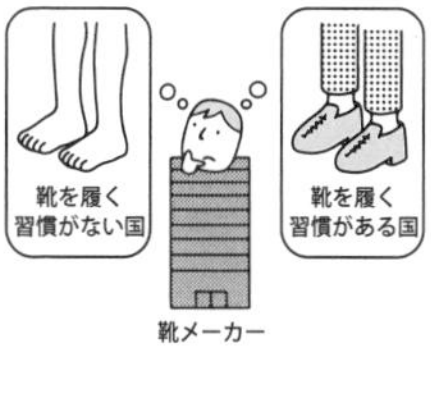

LESSON 6

LESSON 7

INTRODUCTION

市場を動かすために大切な1つの能力

序章では、マーケティングにおける才能やセンスについてお伝えします。

自分には才能がないから、センスがないから、そのような言葉をつぶやき、ものごとをあきらめた経験はありませんか？

もしかすると、それは「わからないことがわからない」状態であるだけかもしれません。あきらめる前に、まずあなたが考えている才能やセンスについて知るところから始めてみましょう。

この物語の主人公・相川タツヤは、食品大手の「トーカイ食品」に勤めています。商品企画部に配属されて3年、悩み多きマーケター、いえマーケティング部の一要員でした。

企画が通らない。自分のアイディアがてんで通用しない。それをなんとかしたい、というのが彼の悩みでした。彼には不安もありました。このままズルズル仕事をし続けていたら……自分にまったく自信がもてませんでした。考えれば考えるほど、彼は自分がちっぽけな存在に思えてくるのでした。

はじめて会った掃除のおじさんに通報されそうなんだ。助けてくれ。

なんでこんなことになったのかって?

話すと結構時間がかかるけど……。まぁいい、ちょっと俺の話を聞いてくれ。

遡《さかのぼ》ること15分前。俺は落ち込んでいた。今日は商品企画部の新商品コンペだったのだ。今度こそ選ばれると思っていたのに。プライベートの時間も削ってつくった俺の渾身《こんしん》の企画書のコメント欄は、夏の嵐のように荒れている。

「洞察がありきたり」
「説得力が弱い」
「原因分析が表面的」
「新しさがない」
「切り口に既視感がある」
「顧客像が見えていない」
「見通しが甘い」

いやそこまで荒れていないか。でも俺の心は荒れているんだ。

小さいころから習っていた習い事の評価も「平凡」。通知表のコメント欄には「個性をもっと出しましょう」とか、「自分らしさを大切にしましょう」とか書かれている。俺は10年以上経った今も忘れてないよ、先生。

大人になった今でも、同期には先を越されるし、努力が報われることもない毎日だ。このまま、ズルズルと仕事を続けていたら。そう考えると俺は怖くなる。

「タツヤ、一生懸命に全力でやると成果は必ず出るんだぞ」

上司に言われた言葉が頭のなかで再生される。そんなわけないだろう？

「『正しい』やり方で『正しい量』の努力をしないとダメなんだよ」

全力でやってるさ。手なんて抜いていない。教科書に書かれている通りにやっているはずなのに、なんで成果が出ないんだよ、結局ビジネスなんて神頼みか？ くやしさと情けなさと不安で、企画書の束をもつ手に思わず力が入る。少しくしゃくしゃになってしまったが、どうせこれはシュレッダー行きである。

俺は、落ち込む心を癒やすため、いつも飲んでいるコーヒーを買いに休憩室に足を運んだ。

俺が飲んでいるコーヒーのキャッチコピーは、これ。

「普通のおいしさ」

毎日見ているから覚えたよ。俺の、解凍に失敗した冷凍ご飯みたいなボロボロの心を癒やしてくれ。そう思いながら、自販機の前に立ち、いつものコーヒーのボタンを押した。このコーヒーを飲むと、なんだか自分が肯定されている気分になる。

普通が一番、普通のおいしさ。**普通でなにが悪いんだよ。**俺はそう思いながら、身を屈《かが》めて取り出し口から缶コーヒーをとる。

『もう普通じゃない、特別なおいしさ』

缶コーヒーのパッケージにはこう書いてあった。俺はこのスチール缶を握り潰しそうになった。「この裏切り者っ」缶のプルタブを起こしながらこう言う。勢いよく開けたせいか、親指の付け根にコーヒーが跳ねた。

「熱っ！」落ち込んでやけになっているとき、痛覚が刺激されるとふと我に返って泣きたくなることがある。

俺は、俺は、缶コーヒーにすらも認めてもらえなくなったのか。普通でなにがいけないんだ。缶コーヒーよ。生まれ変わらなくていいよ。俺と同じく普通でいようよ。

普通ってなんだろう。普通が俺であり俺が普通だったのに。コーヒーを飲みながらこんなことを考えた。

俺が国会議員になったら絶対に「普通じゃダメなんですか？」って言葉を流行《はや》らせてやる。「自分らしさってなんですか？　普通じゃダメなんでしょうか？」ってな。

……知ってるよ、面白くもなんともないだろ？　わかっている。俺は、面白くも、仕事ができるわけでもなくて、特技も趣味も特にない。つまらない人間なんだよ、ちくしょう。

いつも言われる言葉は、「努力家だね」。バカにしてんのか？　成果も出せないのに頑張っている姿は、成果が出ている人たちからすると、たいそう滑稽《こっけい》だろうよ。きっと笑われているだろう。

俺は、両手で自販機を抱くように、ガタガタと揺さぶる。まったく動かないけど。

「どうやったら俺は成長するんだよ、俺に才能はあるのか？　あるなら出てこいよ！」

俺は気づいたら、自分の悩みや怒りを口に出してしまっていた。

「出てこいよ!!」

はあ。バカバカしい。俺は一体なにをしているんだろう。自分の情けなさに落ち込んでいるところにある声が聞こえた。

「あ、もしもし、警察ですか？　小銭泥棒がね、『お金出てこ～い』って自販機を壊そうとしているんだけども……」

そんな泥棒、どこに……。俺である。さっきの言動、「出てこいよ!!」（自販機を揺らしながら）……完全に俺である。

ここまでが15分前に起きた出来事だ。

俺は、声がするほうに向かっていった。そこには、作業着を着た掃除のおじさんがスマホで通話中だった。声の主はこのおじさんだったようだ。

俺はとりあえず、誤解を解くためにおじさんに話しかける。

「あのですね、さっきのあれは、お金が出てこいと言ったのではなくて、その、あの……自分の才能に……」

俺は初対面の人になにを話しているんだろうか。

「ますます怪しい。おとなしそうな人物なんで、私が、交番まで連れていきますよ」おじさんは電話でこう言った。

「本当に違うんです、俺はここの社員です!!」そう言い、社員証を見せようとする。

おじさんは俺の社員証よりも、俺が脇に抱えていた企画書をじっと見ていた。そして、

「……ああ、お巡りさん、私の勘違いだったようです、すみません」おじさんはそう言

って電話を切った。

助かった、のか？

「お騒がせしてすみません」俺はとりあえず謝った。

「いや、こちらこそ、すまなかったね」おじさんはこう言った。

「こっちこそ、誤解を招くような言動を……」

「で、兄ちゃん、なにが出てきてほしいんだって？」

俺は、おじさんにワケを話した。

「平凡から抜け出したいねえ……。**平凡で困ることでもあるのか？**」おじさんは言う。

「平凡な企画だとコンペに通らないから」思わず俺の本音が出る。

「コンプレックスか」

俺は、おじさんの言葉に顔をしかめる。変な説教をされたら嫌だな。「俺が若いころは節」をかまされる前に逃げたい。するとおじさんはこんなことを言い始めた。

「兄ちゃん、入社3年目の企画部だろ」

見知らぬ人から言われてドキッとする。

「どうしてそう思うんですか？」どうせ、さっきの「コンペ」って言葉でピンときただけじゃないのか？　とも思ったが、入社3年目って、わかるものか？

「ほれ。そこを見たからだよ」

そう言いながらおじさんは俺のスーツの袖を指さす。

「そのスーツ、サイズ合ってないだろう。体に合ってないスーツを着るのは営業部じゃ許されないだろ。となると、普段スーツは着ない部署だが、よく小銭をとり忘れたりする兄ちゃんは、管理部や経理部ではなさそうだ」

そう言いながら、自販機のお釣りを俺に手渡す。しまった。さっき買ったコーヒーのお釣りをとり忘れてた。

「企画部には、こうやって**人を分析するマーケティングの能力**が必要だ。平凡とか特別とかは関係ない、ものの見方を知るんだ。

あとはそのポケットに入っている財布とか、靴とか、身につけているモノから推測すると、きっと兄ちゃんの給料はこのくらいで、だとすると、入社3年目ってのが、近いところかなって思ったんだよ」

なんだ？　このおじさん。初対面の人の情報をここまで読み取って推理できるものなのか？　俺は、ちょっとばかり感激していた。

こういうのって、本で読んだことがある。「ペルソナ分析」っていうんだよな？　本当にできる人がいたとは。俺が感激していると、おじさんはこんなことを言った。

「なーんつって。本当はさっき見た社員証の裏に入社年が書かれていたんだよ。株式会社トーカイ食品、商品企画部　２０１８年入社って」

俺は自分の社員証の裏を見る。確かにマーカーで太く「２０１８年入社」と書かれているカードが入っている。社内レクリエーションのときに使ったものを入れっぱなしだった。

おじさんの力じゃないのか。なんだ、騙《だま》された気分だ。さっきおじさんがやっていたようなペルソナ分析らしきものとか、俺が勉強してきた「市場分析」とか「ＮＰＳ」とか、こういうのには役立たないんだろうか。

やっぱり**企画は「運」**なのだろうか。俺は、部屋の出口に向かおうとする。

「帰ります。平凡な俺には、マーケティングをすることも、企画部で活躍することもできないんで」

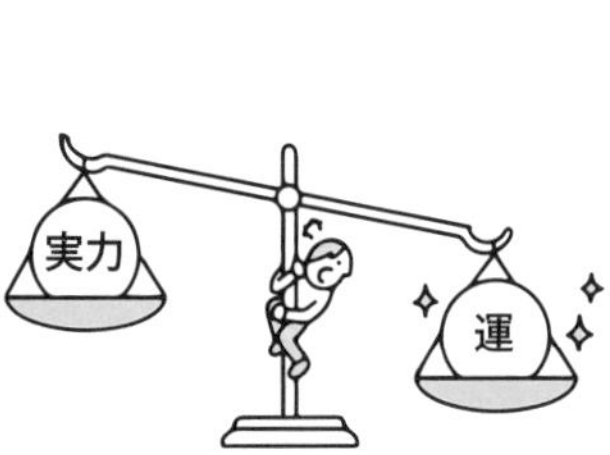

「ちょ、ちょっと待ってくれ。缶コーヒーの話をしよう」

「ああ、『普通じゃない』コーヒーの話ですね。その話、しないでください」そう言いながら自販機のほうをちらっと見る。

「缶コーヒーに恨みでもあるのかよ」おじさんはそう言いながら、俺と同じほうに視線を向けてから、「そうだ」と言い、自販機の缶コーヒーのあたりを指さしてこんな質問をした。


「兄ちゃんが飲んだこの缶コーヒー、なんで自販機のこの位置にあると思う？」


それは3段ある商品のうち、一番下の端にあった。

「缶コーヒーが一番下にある理由？」そんなの、買う人の視野に入りやすいからじゃないか？

「そう。一番上でも真ん中でもなくて一番下にある理由」おじさんは答える。

「小銭投入口から一番近い場所だから、目につく、とか？」本で読んだことのある内容で自信があるはずなのに、最後は疑問符で終わってしまう。自分に自信がない証拠だ。

「それも答えだな。これまた話は変わって、俺が兄ちゃんの話を聞き取りにくそうにしていたらどうする？」

急になんだ？　話が飛びすぎじゃないか、もう早く帰ろう。そう思い、出口に足を向けながら答える。

「もう少し声を大きくするか、おじさんの近くに行って話します」

「できてるじゃねーか。マーケティング！」おじさんは俺の目を見てこう言った。

この人はなにを言っているんだ？

「マーケティングっていうか、それはコミュニケーションでは？」俺はおじさんにこう言い返す。

「そうだよ。兄ちゃんは俺とこうやってコミュニケーションがとれているじゃないか。**マーケティングっていうのはな、俺らがとっているような個人間のコミュニケーションが、対市場になるだけだ**」

「お前ならできるぞ。マーケティング」

俺はおじさんのこの言葉に顔を上げる。まさかこのおじさん、俺を見込んで……?

今までのイライラとか不安とか、そんなものが一瞬で吹っ飛ぶわけではないけど、少し心がラクになった。

「マーケティングは誰でもできる。掃除のおじさんでもな」

誰でもできる? 本当かな。

おじさんはにいっと笑い、「**企画部で活躍できる方法、教えてやろうか**」と言う。

もしかしてこのおじさん、ウチの会社の偉い人? アイドルグループのオーディションのごとく、社員を抜き打ちチェックするために清掃員のフリをしている……とか。

「おじさんってもしかして、偉い人? ですか?」俺は思わず聞いてしまった。

おじさんは、「うん」と頷《うなず》いた。やっぱりそうだ。まずい、正体を知ったら降格か。

まぁ下っ端だからもう落ちるところないけどね。いや笑えない。

するとおじさんは、肩をすくめながら「昔はな」と言った後、こう続けた。

「でも今は、掃除のおじさんだ。会社ってなあ、**『努力』の方向や方法が間違っていても、**

誰も教えてくれないんだよ。正しさはその人それぞれだから。

答えも問題の解き方も、しまいには自分が目指す方向性もなにもわからない海のなかでおぼれているのは苦しいだろう。そういう若者を助けてあげたくてね」

おじさんは、俺が抱えていた少しクシャッとなった企画書を見ながらこう言ったのだ。

やっぱり、偉い人だった。なにをしていた人なのだろう、そこまでは聞けなかったが、どうやら俺の会社で働いていたわけではないらしい。

「兄ちゃんは、まだ若いのに、『これから俺はどうすればいいんだろう』とか思ってんだろ⁉　これからだよ。俺が教えてやる」

おじさんの言葉に胸が熱くなる。上司にもこんなこと言われたことがない。というか、こんなに自分の気持ちを人に伝えたこともない気がしてきた。

でも、どこでなにをしていた人かわからない人のことを信じてもいいんだろうか、コンプライアンス的にも……。

「『でもこんなおじさんに、会社のこととか悩みを話してもいいんだろうか？』とか思ってんだろ⁉　大丈夫だよ、俺、ここの社長と知り合いなの。保育園のときから」

なにからなにまで、俺の考えていることはお見通しらしい。俺は、少しおじさんから視線をずらしながら考える。

さっき言われた言葉を思い出す。

「**対市場とのコミュニケーション**」

本やセミナーでは、難しい市場分析の方法は教えてくれても、こういう根本的な考え方については聞いたことがない気がする。

もしかすると、このおじさんと話していれば、今度のコンペこそ、俺のアイディアが選ばれるかもしれない。

そして、平凡な俺から変われるかもしれない。

俺はそんな期待を込めて、企画書についてしまったシワを伸ばしながら、こう言う。

「じゃあ、掃除のおじさん。俺にマーケティングとやらを教えてください」

俺は、自分が見つけられなかった自分らしさ、そして企画部で活躍するために、俺のことを警察に通報したこの掃除のおじさんの話を信じてみることにした。

向かいのビルに映っている大型ビジョンから、俺を裏切ったコーヒーのＣＭが流れているのが見えた。

『もう普通じゃない、特別なおいしさ』

STUDY

◎ 大きな市場に打って出よう

マーケティングについて説明する前に、個々の才能やセンスの正体、その捉え方についてお話ししておきたいと思います。

才能とはなんでしょうか。

ものごとをうまく成し遂げる優れた能力のことです。

センスとはなんでしょうか。

ものごとの機微を感じ取る能力や判断力、感覚のことです。

本当にそうでしょうか？

「自分には才能やセンスがない」などと、言葉の本来の意味を理解せず、うまくいかなかったことに言い訳をする。そんな思考停止に陥ってはいませんか？

才能とセンスの本質とは、**自身が向き合っているものごとについて、どれだけ深く考えているか？** ということではないでしょうか。

知識をたくさんもっていればいいというわけではなく、その情報を自身でどこまで考え込んだうえで活用できるかどうかが重要です。

マーケティングにおける才能やセンスを語るときに、最も大事な要素はもしかしたら**「平凡」をリアルに知っているかどうか**ではないでしょうか。本当に必要なのは特別な能力ではないのです。

ごく普通の一般人としての感覚をもっていることが、マーケティングを行うためにまずもって必要な資質だと思えてなりません。なぜなら、市場のど真ん中、つまり**母数が多いセグメントは大衆**であるからです。

では、なぜマーケティングをするために、「平凡を知っていること」や「一般人としての感覚」が必要なのでしょうか。

ここで、マーケティングという言葉を分解して考えてみると、その意味がわかるかもしれません。

実は**マーケティングという言葉の定義はあいまい**で、人によって定義も異なります。

言ってしまえば、定義自体を自分で考えてみてもいいのかもしれません。

経営学者のピーター・ドラッカーは「マーケティングの目的は、販売を不必要にすることだ。マーケティングの目的は、顧客について十分に理解し、顧客に合った製品やサービスが自然に売れるようにすることなのだ」と言いました。

一方で、近代マーケティングの父と呼ばれるフィリップ・コトラーは、マーケティングを「ニーズに応えて利益を上げること」と定義した説があります。

私自身は、こう考えています（何周か回った末にこの解釈にたどり着きました）。

マーケティング＝マーケット＋イング

これは、マーケットを動かすという意味です。つまり、結果として**市場を動かすことがマーケティングの本質的価値**なのだと（最近では、デジタルの領域や単なる業務効率化においても、○○マーケティング「たとえばＳＥＯマーケティング」のような名前がつけられることがありますが、それらは「市場を動かす」までには至りません）。

また、この「市場」について説明すると、その**ボリュームゾーンを構成しているのはいわゆる普通の人たち（＝大衆）**です。

もちろん、セレブ向けという母数の少ない人をターゲットとして、特殊な商材を扱うマーケティングの仕事もありますが、この本ではそれはあくまで例外として考えるようにします。ほとんどのマーケティングの仕事は、ボリュームゾーンをターゲットにしていることが多いからです。

市場母数について考える際に、たとえば、高級車であるフェラーリを買う人と軽自動車を買う人、同様にフェラーリを販売する人と軽自動車を売る人、どちらが多いかを考えてみればわかります。

この母数の多い人たちと同じ感覚をもっていなければ、市場（＝大衆）を動かすことは不可能です。

まとめると、市場を動かすことを前提にしたマーケティングでは、「マーケット」＝「大衆」であり、「マーケティングとは大衆を動かすこと」と捉えられることが、ここでいうマーケット＋イングを行う第一歩となります。

◎お客様が必要とし、喜ぶことはなにか

市場を動かすというと、なにか特別な知識や能力が必要だと捉えられがちですが、実はこれは、**私たちが個人間で行っているコミュニケーションが、「対市場」に変わっただけ**です。

このコミュニケーションの中身についても説明すると、大衆が感じている不満や気づきを自身で感じ取り解決策を講じることです。

3つの市場

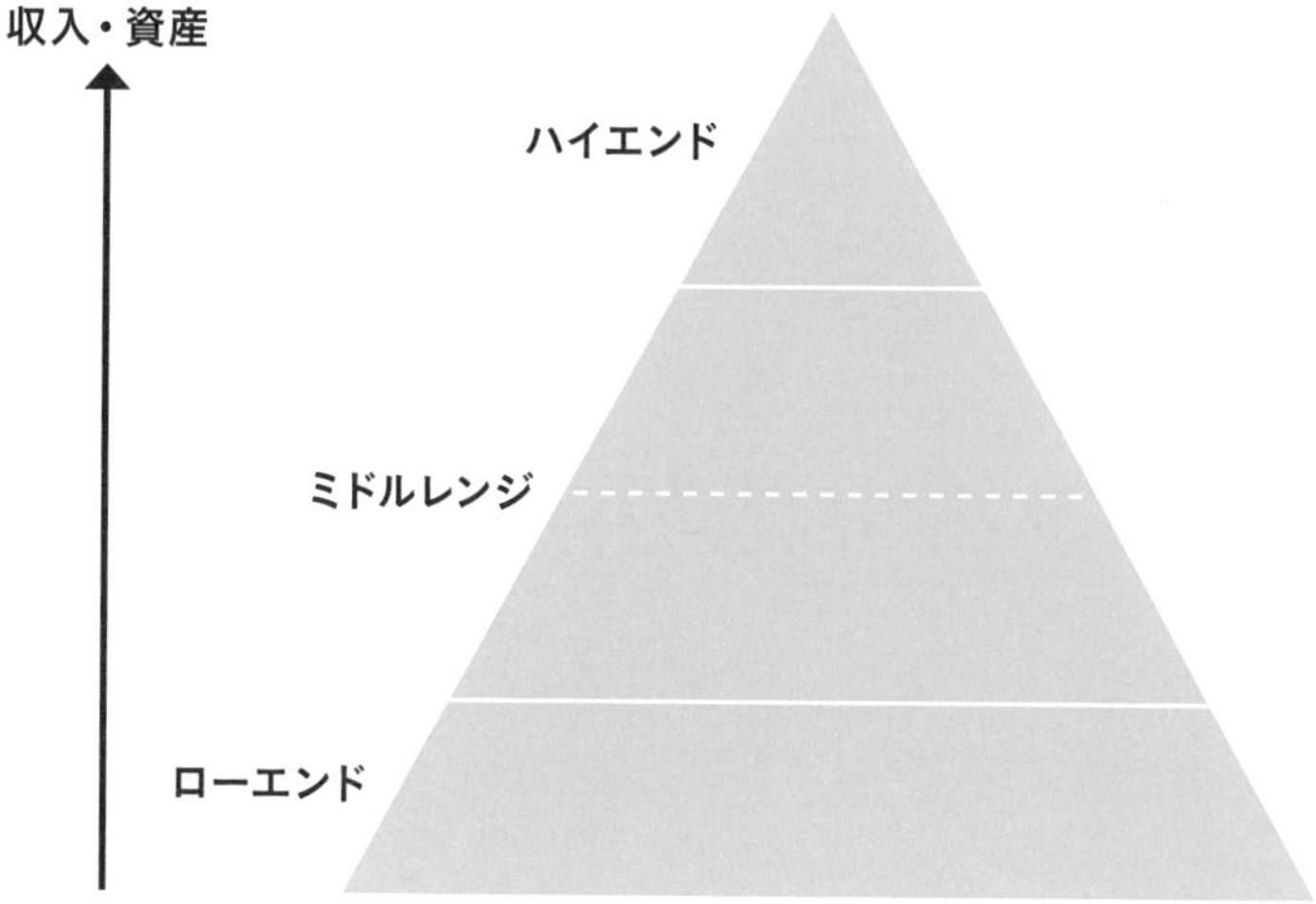

ハイエンド市場	ハイクオリティーの製品やサービスを求める所得の高い層、いわゆる富裕層を指す。高所得者に限られるため顧客の数が限られ、その市場を狙う企業の数も少なくなる。
ミドルレンジ市場	平均的な価格帯の製品やサービスを求める中間所得層。一般的には「ボリュームゾーン」と呼ばれる。市場全体における顧客数が多いため、顧客獲得を目的とした企業も多数存在する。
ローエンド市場	安ければ安いほど購買意欲が強くなる層。ただし、価格競争が頻繁に行われることになる。

マーケティングとは、刑事のように現場の最前線にいるというのは当たり前で、そこからの**気づきを、具現化して落とし込む**というのが仕事の主なフローです。そういう小さな気づきが大きな市場を動かすのです。

一般的な感覚をもっていない人というのは、現場の最前線にいることがないため、大衆が感じる小さな不満や、彼らが抱いている理想などに気づくことができません。

そのような人が実際に現場を調査するとしても、多くの場合、シンクタンクなどの第三者機関に依頼して取得した加工された情報に触れているため、（日常的に現場にいるわけではないがゆえに）不満をキャッチアップするための軸をもつことができないのです。

先ほど触れた、マーケティングをするうえで必要な「資質」の意味について、ご理解いただけましたか？

では、その一般的な感覚はどのようにして身につけることができるのか？

それは、日常を過ごすうえでの見方を変えていくことです。なにも考えずに日常生活を送るのではなく、そこに存在する**ものごとの一つひとつについて、存在する意味や意**

4つの“不”に注目する

不満

（例）
東京のカフェチェーンは
隣席との距離が近くてくつろげない。

不安

（例）
中古車に興味があるけれど、
故障やトラブルがないか心配。

不快

（例）
雨が降るかわからない日に
折りたたみ傘を持ち歩くのは面倒くさい。

不便

（例）
ほとんどの病院は当日の予約ができず、
並ばないと診てもらえない。

図を考えてみてください。

私たちの身の回りはマーケティングの考えにあふれています。たとえば、巷《ちまた》で流行りのTikTokやInstagramのリール（Reels）は、なぜ縦にスクロールするのでしょうか？

それは朝の通勤電車に乗ってみたり、渋谷のハチ公前に行って、スマホをいじって待ち合わせをしている女子高生の指の動きを注視してみれば多少はわかるのではないでしょうか。ほかにも、

なぜ、道路標識は目立つ色なのでしょう。

なぜ、信号は赤色と青色と黄色なのでしょう。

なぜ、お菓子などの開封口はわかりやすく示されているのでしょうか。

そこには自分が大衆の一人として感じている日々の不便さだったり、こうであったらいいのになあというような、ふとした思いつきだったり、皆さんの身の回りにはそのような**小さな気づきから得たアイディアを反映させているものやサービス**がたくさんあります。

◎ 顧客像がはっきりと見えているか

マーケティングというと、よくわからないカタカナ語やアルファベットを並べて市場の動向について（高等スキルであるかのように）説明したり、何千人という人へのアンケート調査を実施したり、システムやクラウドに溜まった顧客データを使って数字を分析してみたり、そんなイメージが世の中に広がっているように感じますが、決してそうではありません。

もし皆さんも同じように「高等な特別スキル」としてマーケティングをイメージしているのであれば、そのマーケティングは、本書で定義したマーケティングという言葉とはかなり遠いところにあります。

つまり、**世の中の「一般」から一番遠いところにあります。**

普段、スーパーで買い物をしない人が、○○総研といった調査会社から預かったデータや理屈だけを並べたような本を参考にして商品の配置を考えられるでしょうか。

テレビドラマを見ない人が、視聴率40％を超えるような大ヒット作を生み出せるでしょうか。

クルマを運転したことのない人が、乗り心地のいいクルマを開発することができるでしょうか。

地方に行ったことのない人が、地方活性化などできるでしょうか。

数値化されたデータを駆使すれば、Ｍ１グランプリのチャンピオンになれるでしょうか。

できませんよね。

今挙げたような事例は、靴を履いたことのない人が靴をつくるようなものです。おかしな話のように思えますが、世の中にはこのようなことをしているビジネスマンが多いのも事実です。

世の中の「一般的」を知らなければ市場を動かすことはできません。

理屈やうわべだけの情報に価値があると思い込んでいたら、それは「センスがない」ことと同等かもしれません。

日常生活において、見方を変えていき、世の中の一般的な感覚に触れることで、あなたはマーケットを動かす、つまりマーケットをイングすることができるようになるでしょう。

LESSON

1

具体化と抽象化で思考を洗練させる

この章では、ものごとを観察し、考えるために必要な「具体と抽象」について説明します。

突然ですが、「りんご」を抽象化すると?

答えは「果物」です。このようなシンプルな具体と抽象の行き来はできても、行動や現象など複雑な事象の具体と抽象の行き来は難しい、そう感じている人も多いのではないのでしょうか。

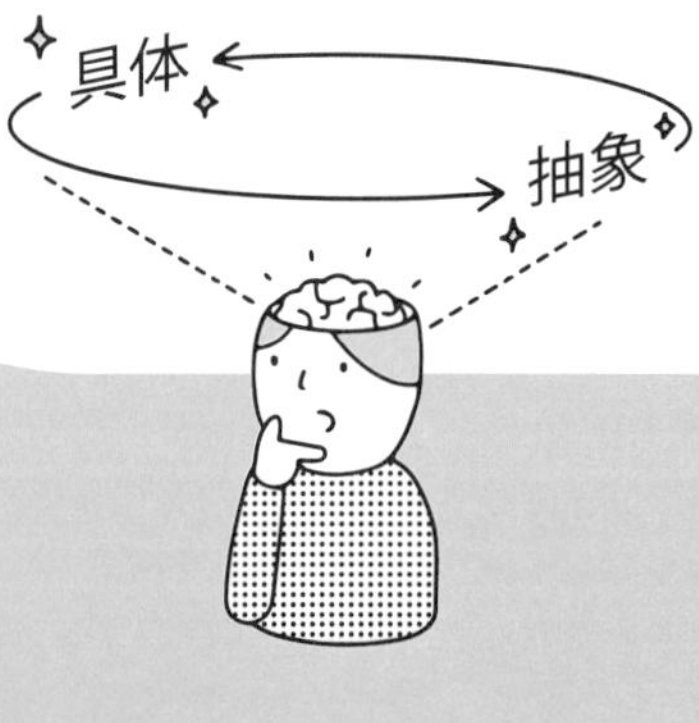

商品企画部の社内コンペに向けて会議中のタツヤ。会議で発言しようとしますが、周りからの意見が怖くてなにも言えません。

「それでは２か月後の社内コンペに向けて企画案を出しましょう」

飲み会続きのせいなのか、かすれた声で会議を仕切る田中部長。以前見たときよりもベルトに載っている腹肉が増えたようだ。俺はそれを横目に、部屋の中央に置かれたホワイトボードに目をやった。

今日は企画部の第一グループが集まって２か月後に開かれる社内コンペに向けてミーティングをしていた。

「さて今回は新しいチョコレート菓子に関する企画ですが、まず、弊社の売れ筋商品を挙げてみましょう」

カラフルな食紅を使った、ＳＮＳで目立ちそうな飴、今まで売られてこなかったような新触感のグミ、さらに小さな子どもをターゲットにした知育菓子まで。さまざまな意見が出た。

「今の若者はＳＮＳばかりやっているからなあ」副部長の鈴木さんがこう言った。「ウチの娘だって」と他のメンバーも話し始める。

おいおい。そこから世間話広げてどうするんだ。そんなことを思いながら「君の意見は平凡だ」と言われることが怖くてなんの意見も出すことができずにいる20代男性が俺である。

結局、個別具体的な商品の特徴を挙げるだけで、今日の会議は終わってしまった。あとは部長の娘さんの話。……この会議だけで、２時間だぞ。**会議なんて30分でいいだろうよ。**以前読んだことがあるビジネス本にも書いてあったぞ。このままじゃこの会社はオワコンだ。

勤怠を切った後、俺は昨日おじさんと会ったあの休憩室に向かった。

「俺は会議をなくしたい」

「兄ちゃんはいつも唐突だな、仕方がない。なにがあったか聞いてやろう」

俺はさっきの会議の話をした。「それで、結局なんにも話がまとまらなかったんですよ。まずは顧客のアンケートをもっと詳細に見るとか、顧客獲得単価の分析とか、いろいろやることがあると思うんですよ」

俺は、毎朝電車のなかで読んでいるビジネス本や新聞、そして参加したことがあるセミナーで得た知識をもとにこんなことをおじさんに言った。でも会議では言えない。なぜなら「**そんな当たり前なこと言わないでよ**」と返されるのが怖かったからだ。

おじさんは俺の話を遮《さえぎ》らず聞いていて、俺が一通り話し終わった後で、こんなことを言った。

「兄ちゃん、マーケティングを学ぶうえで大事な考え方のひとつである『具体と抽象』を教えてやるよ」おじさんはワクワクした顔でこう話す。

おじさんは企画部の現状分析をし始めた。

「兄ちゃんたち企画部は、新商品を考えるうえで、まず、売れている人気商品を分析しようってなったんだよな。そこまではパーフェクトだ。すでに出ている結果から売れている理由を分析する。これは、マーケティングにおいて大事なことだからな。

でも、**人気商品の個別具体的な特徴を挙げるだけで終わってしまうのはもったいない。**その後、どうやって新しい商品をつくる？

もしつくったとしても、それだけじゃ『パクリ』だ。たとえるなら、『桃太郎』の話の、『桃』を『りんご』に変えた『りんご太郎』という話をつくっているだけだ。それだと人々は食いつかない。だから、具体的な特徴を抽象化してみるんだ」

さらにおじさんは続ける。

「兄ちゃんの会社の人気商品は、キラキラ飴とハードグミ、そしてお絵かきができる子ども向けチョコレートだね」

それらを抽象化してみよう、とおじさんは言った。

俺はとりあえず答えた。「食品？」

おじさんは「そんな感じ、次はもっと、**細かく抽象化**してみよう」と言う。「今の抽象化の仕方は、俺と兄ちゃんは『有機物の塊《かたまり》』と言っているぐらい、粗い抽象化だ」

これだと粗いのか、現象や特徴を抽象化するのって難しい。そんなことを思いながら、なんとかおじさんの問いに答えようとする。

「うーん。見た目が派手？」

「見た目が派手なのはなんでだ？」おじさんは俺に聞き返す。

ＳＮＳ映えを狙った商品が多いから、きっと答えはこれだろう。俺はそう思いながらこう答える。

「写真を撮りたくなるように……とか？」

するとおじさんは俺にこんな質問をしてきた。

「兄ちゃんは普段、コンビニで買った弁当なんかの写真を撮るかい？」

やっぱり、このおじさんの発言は唐突である。これって、話が脱線していないだろうか？

「撮りませんよ、別に特別なものでもないし」俺はこう答える。

「だよなあ、普通の弁当だもんな」

俺は、普通という言葉につい反応してしまいそうになるのを我慢した。気にしすぎるのは生きにくい。

さらにおじさんは続けた。

「じゃあ、コンビニで食い物を買うのはなんで？」

「お腹が空いているからです」俺はすぐに答える。

おじさんの質問と俺の回答のラリーは何回か続いた。そしておじさんはニュース番組のように丁寧に解説をしながら、俺が答えにたどり着くために必要な言葉を与えてくれる。

「人々が食い物を買うのは『空腹を満たすため』だ。でも、兄ちゃんの会社の、人気商品を人々が買うのはなんで？」

俺は考えた。安いから？　いやいや今は、値段じゃなくて、商品の機能の話をしているはず。

ご飯を食べるのは、空腹を満たすためだけど、たとえば、若い女の子たちが流行りの食べ物を目当てに、長時間行列に並んだり、予約をしたりするのは、ＳＮＳに投稿するため？　写真を撮るため？

俺は答えがわかったような気がしてこう言った。

「そうか、人々の目的は空腹を満たすためだけじゃない、つまり、人気商品を抽象化すると、『**食べる以外の目的がつくられている**』！　……とか？」急に自信がなくなって声が小さくなる。

するとおじさんは「いい感じだ！　そうやって、一つひとつの具体的特徴を抽象化していくんだ」と言って指をパチンと鳴らす。

「具体と抽象を行き来することで、**商品の多角的な特徴を抽出することができる**んだ」と言いながら、おじさんはさらに続ける。

「ひとつレベルアップした兄ちゃんにさらに問題。なんで兄ちゃんの会社は商品をつくるときに、『食べる』以外の目的を入れたんだと思う？」

うっ、企画部にいるのに、答えられない。そんな自分が情けない。

ただ、モノを売っているだけだと生き残れないから？　あまりに抽象的すぎて小学生の作文のほうがまだ、わかりやすい気がする。

「ほかの会社もやっているから？」また平凡な答えを言ってしまった。でもこれ以外思いつかない自分にイライラしてしまいそうになる。ビジネス書を読んでも、商品開発の裏話に迫ったドキュメンタリー番組を見ても、その答えがわからない。

俺は、斜め上を見ながら、考えているフリをする。こうやって、自分ができないやつだと素直に認められないのも直したい。

するとおじさんはこう言った。

「それもそうかもしれない。でも、理由はたくさんあるはずだから、先輩に聞いてこい。それから自分でも調べろ。俺はこの会社の人間じゃないから教えられない」

このおじさん、いきなり匙《さじ》を投げたのか？　いや、なにかワケがあるはずだ。

「あの……マーケティングのことはおじさんのほうが知ってそうですけど、それでも俺の会社の先輩に聞く理由ってなんですか？」俺は思わずそう質問していた。

「俺よりも兄ちゃんの先輩のほうが、**会社の商品と長く向き合って一緒に生きてきている**からだよ。

兄ちゃんはその先輩もたいしたことないって勝手に決めつけていないか？　その先輩がヒット商品を飛ばしてなかったとしても、きっと多くの『情報』はもっているはずだ」とおじさんはそう言った。

当たり前すぎて気づかなかった。俺は、目の前の生の情報を見ている人よりも、本や画面の向こう側の人の考えばかりに耳を傾けていた気がする。

考えてみればそうかもしれない。すべてが知識だけで解決するならきっと俺も、少しは今よりマシだったかもしれない。きっとこの世界には知識だけではどうにもならないことがたくさんあるんだろう。そんなことを思いながら、俺はおじさんの言葉に頷いた。

「こういう具体と抽象の行き来ってどうやったらできるようになりますか?」脳トレ本とかを読めばいいんだろうか。そう思い、スマホでECアプリを立ち上げる。もちろん、おじさんのおすすめの本を聞くためである。

「それもいいかもしれないけどな。兄ちゃん、さっきと似たような話かもしれないけどさ。**もっと自分の周りに目を向けてみたらどうだ?**」

おじさんはこう言って、真剣な表情をして窓の外に視線をやりながら、さらに続けた。

「売れ筋商品に売れる理由があるのと同じように、日々起こっていることにも、理由があるんだ。その現象だけを見るんじゃなくて、**なんでその現象が起こっているのか、理由を問うクセをつける**と、兄ちゃんのコンプレックスも解消されるかもしれないな」

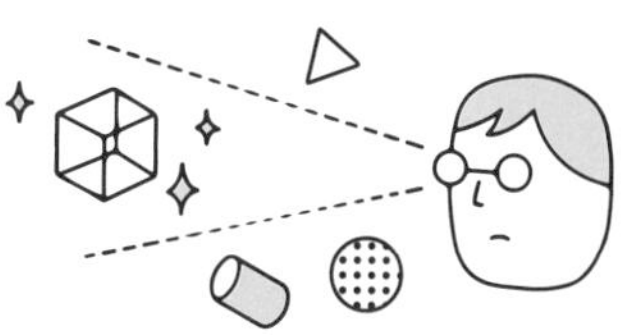

自分の周りの、理由を問うクセか。おじさんの言葉に俺は考える。

社会人になってからというもの、**身の回りで起きている事象に対して、「そういうもん」だと思って、日々過ごしている**ことが多かった気がする。

質問ばかりして、大人を困らせるような子ども、「なんでくん」を見習って、いろんな現象に対して、理由を考えてみよう。そう思った。

そして俺は、スマホのＥＣアプリを閉じた。

俺は、今まで指紋がなくなるほど何回もめくり、読み返したビジネス書よりも、今日の会話のなかで、これから企画部で働くために必要ななにかをつかんだ気がした。

STUDY

◎「具体化」と「抽象化」を完全に押さえる

新サービスや新商品を企画する際の具体と抽象の思考法を説明する前に、まず前提としてお伝えしたいのが、この思考法を使う「**タイミング**」についてです。

どんな考え方にも、使うのに適したタイミングというものがあります。この使うタイミングを間違ってしまうと、せっかくの思考法も役に立たないことがあります。

「能ある鷹は爪を隠す」ということわざは、才能をもった者はそれをむやみにひけらかさないという意味ですが、もう一段落踏み込んで考えると、**能ある鷹は爪を出すときと隠すときの「タイミング」を知っている**と、解釈することもできます。

きっと本当に強い鷹は、獲物にはならない植物に対して、自分の爪を見せびらかしたり、怖がらせたりしないはずです。そんなことをしても効果がないのですから。

それでは、新サービスや新製品を考える際に、その具体と抽象の考え方を使うタイミングをご説明します。

ここでひとつたとえ話をさせてください。

あなたは高校生。文化祭に、クラスみんなで出し物をやることになりました。ほかのクラスをあっと言わせるような、斬新な出し物を企画したいと考えています。

出し物を決めるとき、まずはいろんな人の意見を聞いたり、調べたりして、新しいアイディアをたくさん考えますよね。

かき氷屋さんがいいのか、お化け屋敷がいいのか、喫茶店がいいのか。こうやってアイディアを発散させる。言い換えると、**アイディアの数を「稼ぐ」**という段階です。

この段階で、「じゃあかき氷屋さんを抽象化すると……」とか、「お化け屋敷はエンタメだから……」とか、考えませんよね？　アイディアを出し終えて、じゃあ**最終的になにをするか決めていこうという段階で、「抽象化」という考え方を使います。**

かき氷屋さんと喫茶店は「飲食販売」、お化け屋敷は体験型アトラクション、もっと抽象化して「エンタメ」になったとします。最終的な出し物のテーマは、「飲食販売とエンタメを掛け合わせる」に決まったとしましょう。

では、テーマが決まったところで、飲食販売とエンタメを掛け合わせるなにかを具体化していくために、次は**抽象を「具体化」させる作業に移っていくはず**です。

そして、クラス全員で、「お化けの仮装をして、喫茶店をする」というアイディアが決まりました。やることが決まれば、後は飲食メニューを考えたり、お店の看板をつくったり、準備をする段階に入ります。

しかし、残念ながら、文化祭当日、お客さんは全然来てくれませんでした。その理由が「お化けが接客していて気持ち悪いから」だとしたら、抽象化の段階で、「度を超えたお化け＝エンタメ」と考えてしまったのが間違いだったということができます。

「お化けの接客は楽しそうだけど、売られている食べ物がおいしくなさそうだったから」という理由だとしたら、具体化の詳細を決めていくフェーズで間違いや見落としがあったのかもしれません。

抽象化の方法が間違っていたならば、その後にどれだけ頑張って施策や対策を具体化しても、いい結果には結びつきません。

具体と抽象の行き来は料理に似ています。

抽象化を料理のジャンル（中華、和食、イタリアンなど）、具体化を料理名（フカヒレスープ、カツオのたたき、ナポリタンなど）だと仮定してみましょう。

たとえば中華料理を選んだとしても、周囲に中華料理店がない、あるいは家で中華料理をつくれる人がいないといった場合には、そのアイディアを実現すること自体が困難です。「そうしたい」という話と「そうできる」という話は別物です。アイディアがたくさん出された際にそれがどれだけ目新しく、誰もが「面白そう」「やってみたい」となったとしても、「できなければできない」というオチが待っています。

そのため、発散したアイディアからどれかを絞り込む段階では、今度は**「できるかどうか（フィージビリティ）」を確認する視点**が必要です。

ビジネスならば、人的リソース、予算、損益分岐点など多種多様の項目を確認し、「できるかどうか」「勝算はあるかどうか」までを吟味したうえでアイディアの絞り込みを行う必要があります。

そのうえではじめて、絞り込んだアイディアの詳細を具現化する、という手順です。

抽象と具体を使うタイミング（アイディア出しの場合）

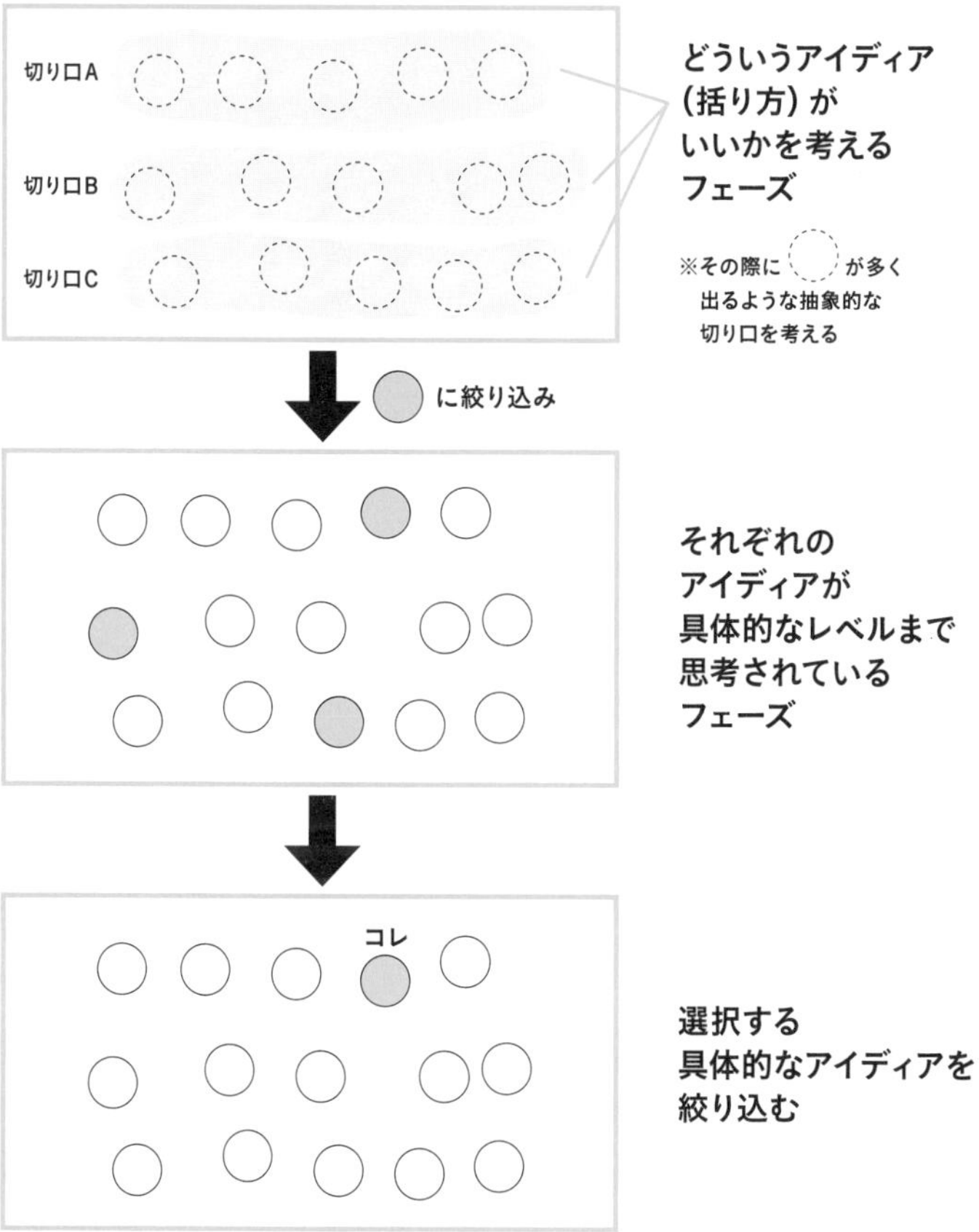

当然ながら具現化の際にも「課題」が立ちはだかります。

そもそもフカヒレが手に入らない、といった外部環境による課題も立ちはだかります。その際にはまた話を一歩手前に戻し（抽象の方向へ）、そうやって具体と抽象を行き来することを行うのです。

なにかお題を与えられたときに、抽象化することで「今、なにを考えるべきか」という視点をもつことができ、関係者で論点をずらさずにものごとを進められるからです。

先ほどの例でいうと、中華のコックもいないのに、最初からフカヒレを買ってきたりしないですよね？

◎「幹から枝へ」の順で思考を進める

話は変わりますが、会議でも同じことが言えます。

議論をしていくと話が別の方向に逸れることがあります。こういった場合はうまく抽象化ができていないことが多いのです。

別の言い方をすると、**抽象が木の「幹」**です。**具体が木の「枝葉」**です。

木の幹をしっかりと認識したうえで枝葉を生やしていく必要がありますが、枝葉を生やすことばかりに意識が行ってしまい、幹とは関係のない枝葉の議論に移ってしまう場合があるので注意が必要です。

いくら目新しいアイディアでも、本題（幹）とズレていては、使いようがありません。

会議中に本題から脱線してしまい、気づいたら1時間も経っていて、「今、なんの話してたっけ？」とならないためにも、「具体と抽象の行き来」は必要なのです。

ここまで読んで、「実際に具体と抽象の思考法をどうやるかわからない」という声もあるかもしれませんので、さらに細かい説明を付け加えておきます。わからないのは、もしかすると**「具体」のイメージ化と「抽象」のイメージ化ができていないから**かもしれませんから。

「ニンジン」を抽象化すると「野菜」ですよね。これは誰でもできるはずです。なぜならあなたがニンジンは野菜だということを知っているからです。

2＋2＝4という答えを出せるのは、1＋1＝2だということを知っているからです。

具体と抽象も、これと同じです。なにが具体でなにが抽象なのか。どうすることが具体化で、どうすることが抽象化なのか、この本質を知ることで具体と抽象を行き来する思考ができるようになります。

ここまで具体例をたくさん紹介したように、あなたの身近にも、**具体と抽象で構成されているもの**が多くあります。

お店でラーメンを食べたいけれど、節約してコンビニのカップラーメンを食べることも、温泉旅行に行きたいのを我慢して、近くのスーパー銭湯に行くことも、帰省をしたいけれど、交通費がかかるので電話で我慢することも、そうしようとするあなたの頭のなかでは、具体化と抽象化の作業が行われています。

この構造に気づくことで、自然に具体と抽象の考え方が身につくでしょう。

「幹」を意識する

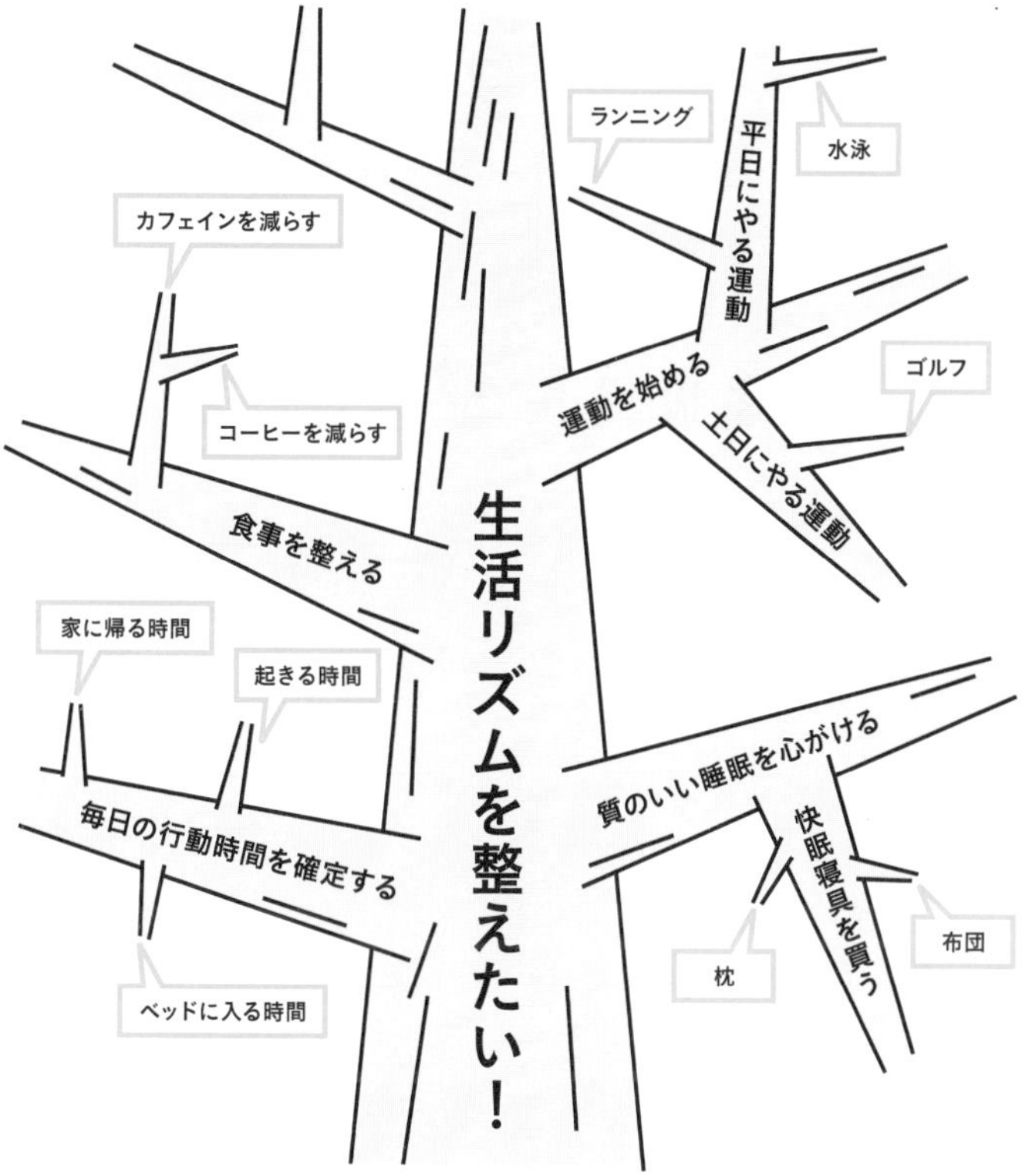

「幹」から「枝」の順へとロジカルに思考を進めていくと
無駄がなく、ズレもない価値を提供しやすくなる。

LESSON 2

「鳥の目」「虫の目」「魚の目」を使い分ける

この章では、さまざまなものごとの見方について説明します。

ものごとは近くで見るのと遠くで見るのとでは、見える範囲が違います。見え方も違います。そしてものごとを流れで見ることで、今まで見えなかったものに気づくこともあります。

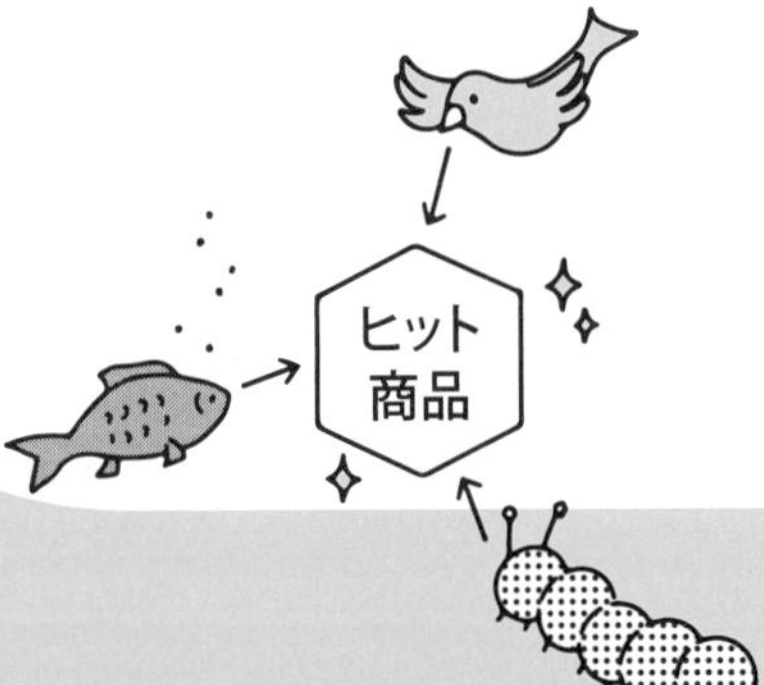

商品企画部のタツヤは上司から、「飲料メーカーA社のレモンサワーがなぜ売れているか調査してほしい」と頼まれました。競合どころか、お菓子をつくっていない飲料メーカーを調査する理由が彼にはわかりませんでした。

今日も、マーケティングの勉強をするために、おじさんがいる休憩室に向かいます。


「ってなわけで、調査を頼まれてしまって」

金曜日の退勤後、いつもの場所で掃除のおじさんと話す。

「レモンサワー飲み放題でもするか」

「俺の話、聞いてました？」

「聞いてたさ。飲料メーカーAのレモンサワーの秘密を探るんだろう」

「そんな自由研究みたいな軽いもんじゃないですって。というか、お菓子メーカーなのにレモンサワーって。**まったく関係ないじゃないですか**」俺は、両腕で伸びをしながら言う。

「とりあえず、まずはネットで商品サイトを調べてっと」

調査は一次情報をとることが第一だ。他人が言ったことよりも、公式サイトの情報のほうが正しいに決まっている。段取りを声に出してぶつぶつ言っていると、「お前の目はいくつある？」おじさんが聞く。

「2つ……ですが」そう言って、自分の両目を指さす。

「違う、そうじゃない。マーケターとしての目の数だ」

「芽」？　そんなものゼロに決まっているじゃないか。俺はそんなことを思いながら、答える。

「まだ『芽』は出ていないので、0個です」

「その『芽』じゃない」そう言いながらおじさんは自分の目玉を指さす。

「マーケターとして、いや、**社会人として身につけておく3つの目**について教えてやる。よし、今日はおじさんの奢《おご》りで、とっておきの居酒屋につれてってやろう。頑張って勉強しているようだしね」

というわけで、おじさんのアドバイスも取り入れて、前よりも企画会議で発言できるようになった気がしていた俺は、おじさんと居酒屋に行くことになった。

「ってここ？」

俺とおじさんは、若者（自分のことを若者と言っていいのかわからないが）は入らなそうな雰囲気の小さな看板を構えた居酒屋の前まで来た。

「ここの焼き鳥食べたら、ほかで食べられなくなるぞ」

「そんなにおいしいんですね」

「値段が安すぎるだけだ」

「はあ」

おじさんは、紫の暖簾《のれん》をくぐりガラス戸を開ける。俺はそんなおじさんに続く。

席に座り飲み物を注文する。

「俺、焼酎！」おじさんが注文するものはイメージ通りである。

「じゃあ、俺は……」飲み物を注文しながらメニューを見ていると、見たことのある商品が目に入った。あの飲料メーカーAのレモンサワーだ。俺はそれを頼むことにした。

そんな俺に、「お、いいチョイスじゃないか」とおじさんが一言。

つまみも、いくつか頼む。

「焼き鳥の盛り合わせを頼もう。兄ちゃんは？　若い子は、おしゃれなもの頼むのかね。俺はおじさんだからわかんねーけど」

「任せてくださいよ。サーモンのカルパッチョと、ほかになんか頼みます？」

俺はおじさんのほうにメニューをくるりと向ける。おじさんはメニューをパラパラ見て、少しにやりとした顔でこう言った。

「ここはおじさんらしく、イナゴの天ぷらも追加で」

「すごいもの頼みますね」


注文を終え、先に飲み物が運ばれてくる。

俺は、レモンサワーを飲んでみる。うん、普通のレモンサワーだな。値段も、４５０円、ちょっと安いのかな？

おじさんとたわいもない世間話をしていると、つまみが運ばれてきた。

テーブルの上には、焼き鳥とカルパッチョ。そしてイナゴの天ぷら。

「ようし、役者が揃った」

「役者？」俺はそうつぶやく。また、このおじさんは急になにを始めるんだ？

そう思っている俺をよそに、おじさんが軽く咳払いをして話をし始める。

「ビジネスではな、3つの目が必要なんだ」

おじさんは、「1つ目は……」と、焼き鳥をもって、「**鳥の目**」と言った。

「お前の上司は、お菓子メーカーとは一見関係なさそうな、飲料メーカーのレモンサワーに目をつけた」

焼き鳥の串をもちながらおじさんは続ける。なんだか指揮者がタクトを振っている動作みたいだ。

「鳥っていうのは、飛ぶだろう？　俺ら人間よりも、高い、高い位置から、世界を見渡せる。そうやって、**自分とは違うほかの領域までを見る**のが、鳥の目。研修でよくある、『自分以外見えなくなっていませんか？』とか言っているあれだ」

俺は、新しい知識を取り込むために頷くことしかできない。おじさんは焼き鳥を食べながら、さらに続けた。

「自分の会社のことばかり、競合他社ばかり、たとえばテレビ局はテレビ業界だけ調査するんじゃなくて、インターネット配信やストリーミングサービスの情報も取り入れていかなければならない。そんな感じでさ。兄ちゃんの上司は兄ちゃんに、鳥の目を授けたかったんじゃないかな」

『お菓子メーカーなのにレモンサワーって。まったく関係ないじゃないですか』

俺は自分の発言を思い出す。上司に理由も聞かず、ただ「わかりました」と返事をしたことが恥ずかしく思えてきた。

「そして、**虫の目**」そう言って、おじさんは、イナゴの天ぷらを箸《はし》でつかむ。巷で流行の昆虫食か。

おじさんは俺の飲んでいるレモンサワーを指さし、こう言った。

「お前は今、レモンサワーが売られている現場を見て、自分でレモンサワーを飲んでいるだろう？　虫は鳥よりも、小さな、ミクロの世界を見ることができる。**自分の足で、商品が並んでいるのを見て、調査する**、それが虫の目だ」

うっ。商品サイトを調べればいいだろうと思っていた30分前の自分が恥ずかしくなってくる。

俺の頭のなかを見透かしたようにおじさんは「商品サイトを見ることも必要だけどな、その次のステップも大事だ」と言った。

俺は「はい」と返事をした。本だけでは学べないってこういうことなのかな。

レモンサワーを飲みながら周りに目をやる。

「これ、頼んだら来るのが早いよなあ」

2つ隣のテーブルからこんな声が聞こえてきた。お客さんを見渡すと、レモンサワーを頼んでいるお客さんが大勢いた。

店員さん大変そうだろうなあ、と厨房《ちゅうぼう》に目をやる。居酒屋にありがちな、焼酎と炭酸水、そしてシロップを混ぜてつくっているんじゃなくて、なんか専用の機械が置いてあるぞ。店員さんも作業がラクそうだ。

「どうだ。飲料メーカーAのレモンサワーが売れている理由が少しだけわかったんじゃないか？」

おじさんは焼き鳥のつくねを食べながら俺にこう言った。

「居酒屋に来る人は、飲み物のおいしさだけじゃなくて飲み物の提供スピードも求めている……」

「そういうこと。**現場に行ってみないとわからないこと**、たくさんあるだろう」

居酒屋に来てまでマーケティングを学べるとは……。

気づくと6本あった焼き鳥が残り2本になっている。うち4本はおじさんが食べていた。その隣にあるイナゴの天ぷらはあまり減っていない。

「焼き鳥ばっか食べてないでイナゴも食べてくださいよ、おじさんが頼んだんですから」俺は言う。

「お前こそ、焼き鳥もっと食えよ」とおじさんが言う。

俺は、焼き鳥を眺めながら、「鳥の目だけで、机上の空論にならないようにしないとな」とつぶやくと、おじさんがこんなことを言ってきた。

「虫の目だってそうだろ。**どっちも机上の空論になりやすいぞ**」

ん？　おかしくないか？　どちらかというと現場から離れた視点のほうが、机上の空論になりやすい気がする。俺はおじさんにワケを聞いてみた。

「なんでどっちも机上の空論になりやすいんですか？」

するとおじさんはこう言った。

「山に登ることを考えてみろ。

遠くから山を見ていると、あの山を登るのはたいして疲れないだろうと思うかもしれない。遠くから見るときれいな山の景色が楽しめる。でも、**山登りの苦労はわからないし、山にいる動物や生えている植物、細かい道もわからない。**

一方で実際に山に登っている人は、山登りの苦しさを知っている。山の動植物や細かい道まで実際に見られる。だけど、**遠くから今自分がいる位置を見られるわけじゃない、だから山全体の景色を見ることはできない。**

それと同じだ。食事もマーケティングもバランスよく、だな」

なるほど、ミクロとマクロの視点、どちらも同時にもつことは難しいのか。これは意識づけないと、忘れてしまいそうだ。俺はそう思いながら、焼き鳥を食べた。

それから1時間が経過した。

「すみません、焼酎お代わり」気づけばテーブルにはカラになった焼酎のグラスが3つ。

「おっと、忘れちゃいけない。**魚の目**」

おじさんがカルパッチョを箸でつかむ。そして醤油とワサビをこれでもかというほどつけて食べている。

「血圧上がりますよ？　それ、もう味ついているんですから」俺はついついこんなことを言ってしまう。

「大丈夫だよ、ほら」おじさんはそう言い、近くにあった醤油を指さした。

「減塩」という文字がパッケージに大きく書かれている。おじさんの醤油の使用量からすると減塩ができているかどうかは疑問だが、それについては考えないことにした。

「で、魚の目の話の続きをするけどな。俺が若いころなんて、こんな『減塩醤油』なんてなかったのよ。でも最近は、健康を意識した食品が多く売り出されている。

これもヘルスケア市場がどう伸びているのか、とか、人々の健康意識がどのように変わってきているのか、とか、**時代の流れを見て、感じる**『魚の目』が使われているんだ」

そしておじさんは続けた。

「魚っていうのは、水の流れを体で感じているんだ。そうやって時代の流れを体で感じてどんな変化が起きているのか？　その変化に対応するためにはどう行動するべきか？　と考えることが必要になるんだ。

兄ちゃんが調査を頼まれた飲料メーカーAは、どんな時代の流れを魚の目で見ていたんだろうな？」

「飲食店の人材不足とかですか？」俺はこう言った。新聞やニュースでもよく取りあげられている問題だ。

「正解！　時代の流れ、見ることができてるじゃないか。俺が教えた3つの目でものごとを見られるようになれそうか？」おじさんは俺に聞く。

「いきなりは難しいと思いますが、意識してみます」俺は答えた。

俺は今まで、どうやったらいいものをつくれるか？　という視点ばかりで考えていたけど、そうじゃなくて、**どうやったら、「顧客」が「いい」と感じる商品をつくれるか？っていう視点で考える**と、3つの目は必要不可欠だな、と思った。

「俺が売りたいものじゃなくて、顧客が求めているものを」

こういう企画部として、いや、社会人として必要な視点が今までなかったような気がする。当たり前すぎて忘れてしまっていた。俺は上司に会ったらお礼を言おうと思った。

居酒屋で学んだ3つの目は、文字通り、俺の血となり肉となる。

俺もいつかは、大ヒット商品を生み出せるような企画担当になれるのだろうか。話しすぎて渇いた喉にレモンサワーを流し込む。

STUDY

◎ あなたにとっての弱点はなんだろうか？

突然ですが、皆さんはこんな言葉をかけられたことはありませんか？


「相手の気持ちになって考えて」

「お客さんの立場になって考えて」

「あなたの資料は相手が読むということを考えてつくられていると思う？」

「もっと周りを見なきゃ」


こんな言葉をかけられたときあなたは、**どうやったら相手の立場になれるのか**と、頭を悩ませたことでしょう。しかし、悩むだけで相手の立場になることができるのなら、この世にトラブルは発生していません。

いいアイディアには、考える「型」があります。考えるためには、今、自分がもっている情報だけではなく、新しい有力な情報をとりにいくことが必要です。

有力な情報をとりにいくには、3つの目、言い換えると「**視点**」が必要です。

その3つの視点とは、

「**鳥の目**」

「**虫の目**」

「**魚の目**」

です。

鳥の目というのは、ものごとを遠くから、つまり俯《ふ》瞰《かん》して全体を見ることができます。**近くからでは見えないマクロな世界を見る**ことができます。

私たちは道に迷ってしまったとき、地図を見て現在地や目的地の確認をすることが多いと思います。地図とはあなたの居場所をはるか上から俯瞰して見たものです。鳥の目もこれと同じです。

ビジネスに必要な3つの視点

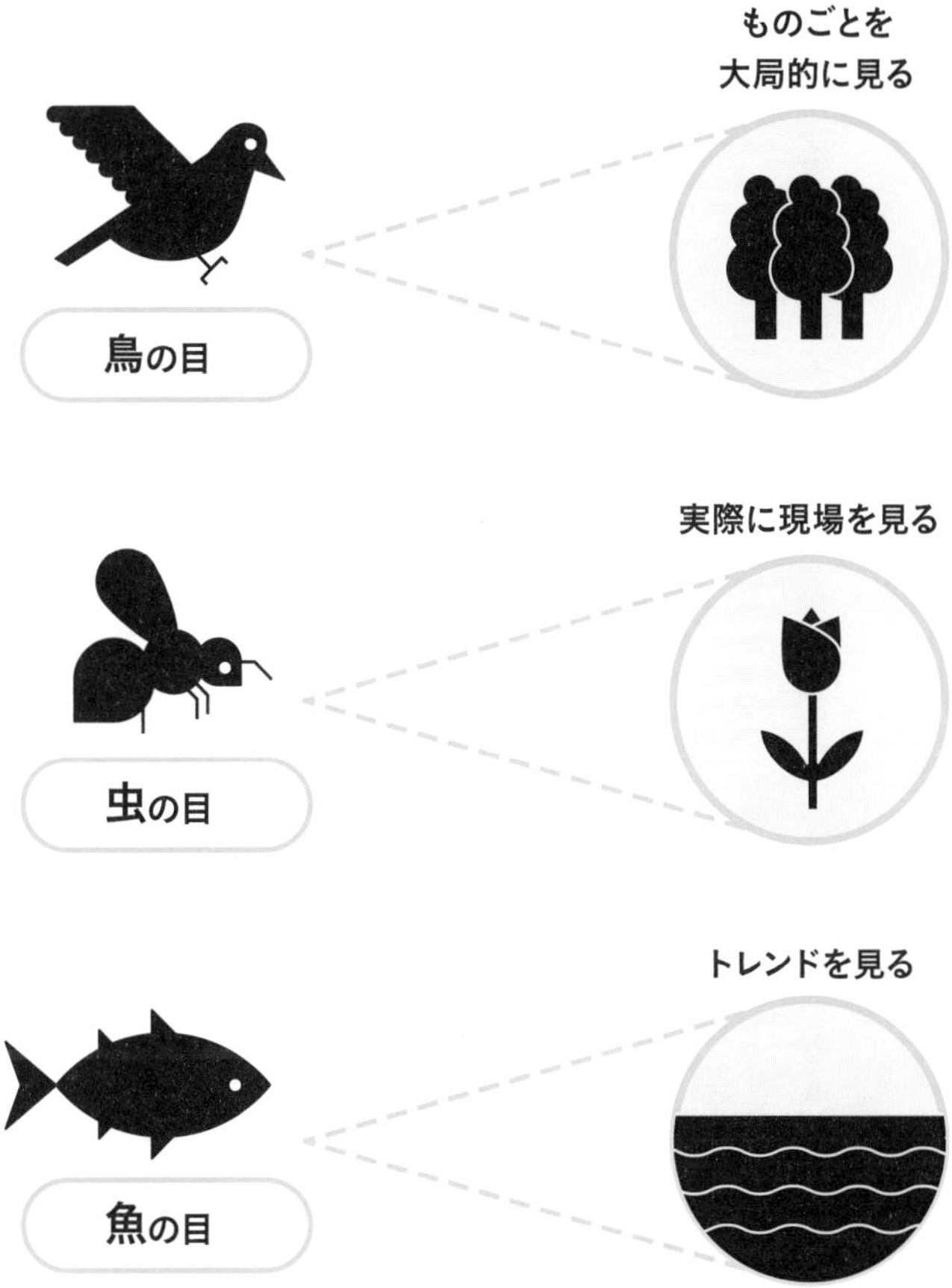

虫の目は、ものごとを近くで見ることができます。つまり、**ミクロな世界を集中して見る**ことができるのです。私たちには見えない細部まで虫たちには見えています。

魚の目では、**流れを読み、先を見通す**ことができます。魚は、水の流れを見ながら泳いでいます。水の流れに逆らって泳ぐと疲れます。疲れないためには水の流れを感じて、流れにのることが必要です。つまり、時代の流れ、トレンドを見る目です。

たとえば、携帯電話が普及し、誰とでも連絡が取り合えるこの時代に、友だちと文通する人は少ないですよね？　そんな時代に文通のサービスを始めても、大ヒットにつなげるのは難しいはずです。

◎視座が高い人と低い人はなにが違う？

これらの3つの目はすべてバランスよく使われる必要があります。

どれか1つだけが突出していてもいけませんし、どれかが欠けていても成り立ちません。

【ケーススタディ】

たとえば、あなたが営業部所属の社員で、ある日部長から自社ウェブサイトの見直しを指示されたら、どのような取り組みを行いますか？

それぞれの視点でものごとを見てアイディアを出していくことにしましょう。

まずは鳥の目でものごとを見ていったとします。

この依頼を聞いて、あなたはチャンスだ、と思います。自社で新規顧客獲得担当の営業人材を採用することが困難なため、営業担当者にしかわからないような**顧客獲得施策を行っていく**必要性を感じていたからです。あなたはそれを、ウェブサイトの見直しをすることで可能になるのではないかと感じています。

同業他社がサイトからの顧客流入施策に力を入れている事例もたくさん調査しました。有名大学の研究論文やビジネスサイトの記事などから情報を得て、人は視覚から入る情報を重視すると解釈し、わかりやすさよりもカッコよさといったデザイン性を重視しました。

どの企業も今までにないようなスタイリッシュなデザインを採用していたため、これを真似ることでウェブサイトの流入数が増えると考えました。

いろんな事例を集めようと、自分の企業と関連しない業界のサイトまで隈なく調べます。

次は、虫の目で見ていったとします。

虫の目で見たときにまず考えることは、営業担当である自分がウェブサイトに関するアイディアを出すメリットがないのではないか？　ということです。

営業はモノを売ることが仕事です。それなのに、なぜモノを売ることと関係のないウェブサイトに関わる？　と疑問をもちます。

そんなことしているヒマがあったら1社でも多くの契約を獲得したほうが……と考えるかもしれません。こんなの意味ないし、時間の無駄じゃないか？　ですが、部長の指示なのでとりあえず従います（皆さんもこういうことはあるでしょうか？）。

渋々商品説明のパートを考えているとき、あなたはお客さんとのやりとりを思い出しました。成約直前の段階で料金設定の真意がお客さんに伝わらず、何回も説明を求められたことがあったのです。

そこであなたは、**お客さんから質問をいただくことの多い部分を、よりわかりやすく丁寧に説明する**料金設定のパートを自社ウェブサイトに加え、視《み》える化しました。これでお客さんの理解も進むし、営業担当も何回も説明をしなくても済む、win-winの関係といえます。

自身がアイディアを出すという理由に関する納得感はないものの、いい提案ができたとあなたは感じています。

次は、魚の目で見ていったとします。

ウェブサイトを見直すことは、コーポレートアイデンティティの刷新なども含めて多くの企業で行われていることであり、インターネットを通じたコミュニケーションが主流となっている現代社会と合致した施策であるとあなたは考えます。

当時、特に流行っていたのはTikTokだったので、従業員のインタビューや会社であった日常的な出来事などをショート動画にして投稿するというアイディアを出しました。時代の流れにのることができれば、必ず**人気のサイトになる**と確信しているからです。

◎「見えていないもの」を見つけよう

いかがですか。それぞれの視点にはそれぞれの見え方があります。実は先ほどのアイディアは決していいものではありません。

子どもと大人では目の前の景色の見え方が違い、山頂と山の麓では見える景色が違うように、先ほどのウェブサイトでのアイディアのツッコミどころ（改善ポイント）を、再度3つの視点で検証してみましょう。

【鳥の目で検証】

指示の意図（すべてではないですが）をくみ取り、視野を広くもてているので目的を見失うことにはなりにくいでしょう。また、自分の会社とは直接関係のない業界についても深く調べることで、さまざまなアイディアを取り入れることができます。

しかし、そもそも顧客の層がインターネットが苦手な人たちだとしたら、ウェブサイトをつくるうえで大事なのは高度なデザインよりも、わかりやすさや使いやすさではないでしょうか。

言い方を変えると、見た目はカッコいいけれどわかりにくいサイトよりも、デザインはダサいけれどシンプルでわかりやすく使いやすいサイトのほうが顧客から喜ばれるということだってあるわけです。

鳥の目だけでものごとを見ると、**現場の視点に立つことができず、顧客が求めているものとは異なる商品やサービスができてしまうというリスクがあります。**

理想ばかり追い求めていないで現実を見てよ、と言われてしまいそうです。

【虫の目で検証】

現場視点でものごとを見ることができるので、顧客の求めているものをアイディアに反映しやすい一方で、大前提であるウェブサイトをつくる目的を理解しきれておらず、上からの指示にとりあえず従った感があります。

ここで質問です。ウェブサイトを見るのはどんなお客さんでしょうか？

成約直前のフェーズにあるお客さんが、今さらサイトを訪れる可能性は高くありませんよね。まずは商品やサービスに興味をもってもらおうという段階で、出しぬけに料金の話をされても困惑してしまいます。それによって、ウェブサイトの離脱率が高まってしまうかもしれません。つまり、**現場視点でものごとを見ることができていても、ウェブサイトの存在目的を理解していなければ、意味がない**ということになります。

【魚の目で検証】

時代の流れを見ることができているので、そのフェーズに適したアプローチ方法を提案することができます。しかし、**いくらそのアプローチ方法が時代に合っていても、自社の顧客や経営方針に合っていなければ効果が出ないどころか長期視点で考えるとブランドとして逆効果になる**こともあります。

企業がいきなり自社の事業と関係のない情報を挙げ始めても、話題性や親しみやすさという点では確かに優位に立てるかもしれませんが、会社の社会的信用性が失われる可能性があるということです。単に人気があるからという理由だけで、安易に流行りのアイディアを取り入れてはいけません。

鳥の目、虫の目、魚の目をもつのは大切なことですが、その前に忘れてはいけないことは「顧客目線」です。

視点・視野・視座のバランスが大事

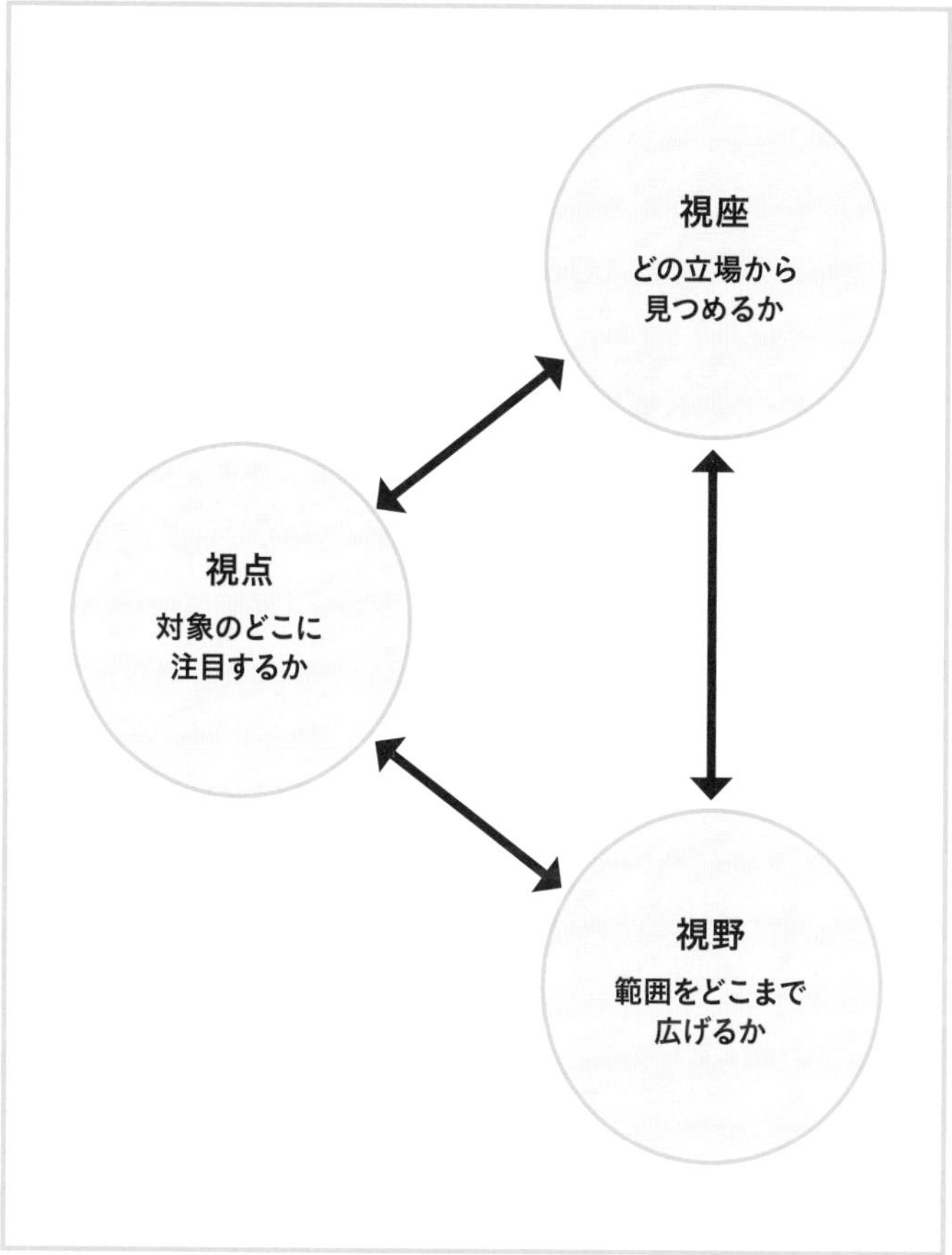

LESSON
3

WhyとHowを使い分けて「疑う」

この章では、事象や結果に対する理由を探るうえで必要なルールや、つい陥りがちな失敗について幅広く説明します。

目の前にある課題や起きた出来事に対して、「なぜなのか」と深掘りをしているように見えて、実際はあれこれ言葉を言い換えているだけだった、なんてことはありませんか？

そうした事態に陥る理由や、適切な「なぜ」の問いかけ方についてご紹介します。

他社のレモンサワーの調査で3つのものごとの見方を学んだ、タツヤ。次に課されたミッションは、売れなかった自社商品の調査でした。

毎日、調査、調査、調査ばかり。そろそろ自身の企画出しや自社商品のポートフォリオ分析など、取り組みたいことがいろいろあるのに……。


「調査を頼まれて刑事気分を味わえてるか？」

　いつも通り退勤後に休憩室へ向かうと、あんぱんとパックの牛乳をもった掃除のおじさんがいた。今日も仕事終わりに掃除のおじさんとのおしゃべり、いや、マーケティングの授業なのだ。

「今日は販売終了になってしまった自社商品の調査を頼まれました。おじさん、俺の会社の商品のなかで、人気はないけど自分はすごく好きだった食べ物とかありますか？」

「チョコ煎餅かな」

「それ、今日の調査対象商品です」こんな偶然があっていいものか、まぁ、あったから活用させてもらう。

「本当に人気なかったのか？　あの煎餅」おじさんは聞く。

「ないから販売中止になったんですよ。今回の調査は、ちょっと急ぎでやりたいから、調査報告の冒頭は、『某大学の研究では、人間は常識を覆されることを好まないという結果が出ており、チョコと煎餅という異色の組み合わせが人々の嗜好とは合わなかった』とかそんな感じでレポートをまとめます」

結局は有名どころのデータには逆らえないだろう。納得感を付け加えるのにデータはもってこいだ。そう思ってこんなことを言った。

「甘いな、兄ちゃん。このあんぱんよりも甘い、甘いぞ。虫歯になるぞ」おじさんは言う。

あんぱん好きのおじさんに言われたくない。俺はコンビニで買ってきたコーヒー牛乳を飲む。

「兄ちゃんは、**本当のなぜ、どこまで見えている？**」

「本当のなぜ？」俺は聞き返す。

ものごとには必ず原因がある、そうおじさんが言っていたのを思い出す。

たとえば、雨の日に傘をさすのは、雨に濡れないため、みたいな、そういう「なぜ」のことだろう？　当たり前なことじゃないか。

「兄ちゃんの会社の商品、チョコ煎餅はなぜ、販売停止になったのか？　その理由を言えるか？」おじさんはこう言った。

「売れなかったから？」そうだ。理由はシンプルじゃないか。俺はそう思いながら答えた。

「なぜだ」

「人気がなかったからですよ」これで終了じゃないか。これ以上、理由を深掘りしても、個別の事例すぎて参考にならない気がしてきた。

「売れない理由は、人気がなかったからだけではないだろう」

さっき「刑事気分」と言われたけど、どちらかというと刑事っぽいのはおじさんじゃないか。

「兄ちゃん。人気がないから販売停止になる、と決めつけるってことはな、たとえるなら『夏になるとレモンサワーが売れる、だからレモンサワーが売れると夏になる』と主

張しているのと同じだ」

「ちょっと、いきなり話が飛びすぎじゃないですか？　レモンサワーが売れると夏になるっていうのも、言い換えれば、レモンサワーが売れる季節は夏ってことでもあるし、あながち間違っていない気がするんですけど」俺は、思わずおじさんにこう返した。

するとおじさんは、「それは『**レモンサワーが売れる季節は夏であることが多い、夏である可能性が高い**』ってことだな。『レモンサワーが売れると夏になる』とはちょっと違う」と言った。

なるほど、断定するか、そうでないかってことだな。言葉に含まれている意味をくみ取ることと、言葉そのものの意味を受け取ることが俺はあまりできていない気がする。言葉とは難しいものだ。

でも、まだ完全に納得したわけじゃない。俺は、おじさんの話の続きを聞くことにした。

「販売停止にはいくつかの理由がある。消費者のニーズ、広告の出し方、商品の陳列法、いろいろな要因が重なってチョコ煎餅は売れなかったんだ」

理由のさらにその先にある理由は細分化して考えろということか。

おじさんはさらにこんな話をし始めた。

「アニサキスにやられたときがあってなぁ、腹が痛くて、医者に行ったんだ。調べたら晩飯に食べた刺身が原因だって。さて、兄ちゃんに問題。腹が痛くなった原因は？」

「アニサキスが胃に入ってしまったから」

「なぜだ」

「刺身を食べたから」

「刺身を食べたことだけが原因じゃないだろう。いろいろなことが組み合わさって問題が起こるんだ」

「なぜなぜ5回」って問題解決のための言葉を聞いたことがあるが、これを実際にできている人は果たしてどのくらいいるのだろう。魚を食べたこと自体が悪かったのか？いやそれだと、魚を食べたらアニサキスによりお腹が痛くなるという変な因果関係ができあがってしまう。考えれば考えるほど、「本当のなぜ」が見えなくなる気がする。

俺は沈黙に耐えきれなくなり、こんなことを言った。

「そもそも、おじさんのお腹が痛くなったのは、魚を生で食べたから……。だから魚を生で食べないようにすればいいんじゃないですかね」

「兄ちゃん、いいところで引っかかってくれた。多くの人は**『Ｗｈｙ』と『Ｈｏｗ』を間違えやすい。**

腹が痛くなったことの『Ｗｈｙ』のひとつは、『生で魚を食べたから』。これはいいだろう。しかし今の『魚を生で食べないようにする』というのは、『Ｗｈｙ』じゃなくて『Ｈｏｗ』の話だ」

「**原因の話と対策の話は別なんだ**」そう言っておじさんは立ち上がり、俺のほうを見てこう聞いてきた。

「ところで兄ちゃん、ルネ・デカルトって知っているか？」

おいおい、今度はなんの話だ……

「我思う、ゆえに我ありの人ですよね」高校の世界史で習った。

「あの人はな、なぜなぜを繰り返し、演繹《えんえき》法を提唱した人。

そして、その対極的な思考法を生み出したのが、フランシス・ベーコン。今起きている事象から経験則をもとに『なぜ』とアプローチした。帰納法の人だ。

演繹法的にはわからないけど、帰納法的には見えてきていることって多分、兄ちゃんの部署でも多いんじゃないか？

この２人について調べてみると、『本当のなぜ』の問い方が少しは見えてくるんじゃないのか？」

おじさんはそう言った。

「まずは、原因を調べるために、チョコ煎餅の消費者アンケートを調べてみたらどうだ？」

「アンケート……。そんな普通のことでいいんですかね？　『普通に考えればそうだよねえ』みたいな答えしか見つからない気が」

そんなことをおじさんに言ったとき、廊下からこんな会話が聞こえてきた。

「営業部の山田部長、いつも正論言ってくるよな～。簡単にやれるなら、こっちだってやってるっつーの。正論はそうでも、一般的には無理だろ、常識的に考えてくださいよってこと多いんだよなあ」

「わかる！」

と盛り上がるところへ、突然、

「よお、お前ら。楽しそうだな。教えてくれ、お前らの常識ってやつを」

という声が。

「部長……」

なんだか修羅場みたいだなあ。「でもわかるなあ」俺は、言葉を漏らす。

「なにがだ？」おじさんは聞く。

「企画部は商品調査とか分析とかが多くて、よく言われるんですよね。『それは常識的に違うだろう』とか『正論言うな』とか」

俺は、コーヒー牛乳と一緒に買ったコロッケを食べ始めた。


「兄ちゃんって、コロッケにソースかけないの？」

「え？」

「常識ないなあ」おじさんは言う。

「……イラッときたろ？」

「はい、そんなのおじさんにとっての常識でしかないのに、それを押し付けられた気がして」俺はそう言いながらコロッケをかじる。コンビニで買ってきたコロッケは袋のなかの蒸気でしなしなだ。

「まぁ聞け。常識を英語で言うと、『コモンセンス』だ。これを訳すと『共通認識』だ。**共通の認識であって、正しいなんて意味はどこにも含まれていないんだよ**」

常識という言葉を深く考えたことがなかった俺は、おじさんの話に聞き入った。

「ガリレオは正論を言ったにもかかわらず社会の悪とされた。これは、なぜだ？」おじさんが俺に聞く。

俺は答える。「多くの人の意見と反対のことを言ったから」

おじさんは頷きながらこう言った。

「常識は主観の集まりで、数の多さでしかないのに、発信源が権威性を帯びたものだとさらに、人々はそれにあやかりたくなる。でも、**正しいに勝る論はない**からな」

少し間をおいて、おじさんは言った。

「そこのおっさんも」

「おっさん？」俺は言った。人影が休憩室のドアから見えた。

「って、営業部長の山田さん」

「おっさん、正論を貫け」

おじさんがそう言うと、山田部長はうれしそうな顔でおじさんにお礼を言い、飲み物を買って帰っていった。

「なんか、おじさん、カッコいいですね」と俺が言う。

「じゃあ、もうひとつ」おじさんは咳払いをしてこう続けた。俺も、褒められたら否定しないようにしたい、と頭の片隅で思った。

「**成功体験は、ゴミ箱に捨てろよ。**これは、カッコつけてるんじゃなくてね、時代の流れに合わせろと言ってるんだ」

「縄文時代の土器は今の俺らの生活には役に立たない。兄ちゃんがもっている携帯だって、20年後は役に立たないかもしれない。

なにが言いたいかというと、社会は常に変化している。今とは状況が変わるわけだ。そうすると、成功したときの前提が変化していることもある。むしろほとんどが変わる。成功体験でも、使えるものと使えないものを、それこそ正論に則《のっと》って、はっきりと分けろということだ」

たとえば小学校のころに使ったリコーダー。仕事で役に立つことはあまりなさそうだが、友だちづくり、これは社会人としても使える部分があるかもしれないとか、そういうことだろうか。でも、その正論ってどこで判断するんだろう？

「正論ってどうやってわかるんですか？　やっぱり本とか？　専門家の意見とか聞くって方向に行きがちですけどねえ」俺はこう言った。

「知らん。まぁ、世の中の情報なんて9割が嘘《うそ》だから」

「え？」俺は、一瞬混乱する。ここにきて丸投げか。結局、正論の見つけ方はセンスとか、才能とか……そんな話なのか？

「って言っている俺の言葉も嘘かもしれないぞ」とおじさんが言う。

「そんなに疑っていたらノイローゼになりそうですよ」俺は言う。

「疑えというよりは、**自分で信じると決めたものを信じろ**というほうが近いかもな。そうやって自分で正論かどうか確かめて、本当に信じられるものを見つけていくしかないな、デカルトのように。兄ちゃんが普段からやっている、本を読んだり、ニュースを見たりという行動も生きてくる」

おじさんはさらに続けた。

「自分で信じるものを見つけるって最初は不安だけどさ。兄ちゃんみたいに、わからないことを人に聞いたり調べたりしていくうちにわかるようになると思うぞ」

おじさんのこの言葉に、俺は、成果が出なくて、今まで無駄だと思っていた行動が少し意味あるものだと評価されたことがうれしくて、小さくお辞儀をしてしまった。

「まぁ、わかんねーよ、俺掃除のおじさんだから」おじさんはこう言った。

「ありがとうございます。やっぱり、さっきおじさんが言ってた顧客アンケート、ちゃんと調べてみます」俺は、そう言った。

俺の常識や感想より、正論に沿って行動したほうがいいって、思ったからだ。

STUDY

◎どこまで「本当のWhy」が見えているか

以前、私が勤務していたトヨタの「『なぜ』を5回繰り返す」という仕事の基本は、世間的にも知名度が上がってきたように思います。

ただ私は、トヨタの「『なぜ』を5回繰り返す」を文字通り受け取るだけでいいと思ったことはありません。自分なりに真意を追求してはじめて「本物のなぜ」を繰り返すことができるようになると考えています。

では、「なぜ」を繰り返すのはなぜでしょう?

「なぜ」を繰り返すメリットを最初にお伝えすると、**ものごとの根本原因である真因を見つけられる**からです。

つまり、問題の根本にある真因を押さえにかかるために「なぜ」を繰り返すのです。

たとえばあなたが「貯金が増えない」という悩みを抱えていたとしましょう。

あなたは「きっと家賃が高いからだ」と決め打ちして、安いアパートに引っ越す。けれども実際は「給料が安くて貯金が貯まらない」という理由が真因だった場合には、いくら家賃を抑えても抜本的な解決策にはなり得ません。

せっかく解決に向かって行動したとしても、そもそもその真因が違っていたら、どんな対策行動も無駄になってしまいます。

ですから、問題を引き起こす根本的原因を特定するために「『なぜ』を繰り返し真因を特定すること」は、問題解決にとって必須となります。

本章では、そんな「『なぜ』を繰り返す」という作業を行ううえで気をつけるべきポイントを４つに絞って紹介します。

まず１つ目のポイントは、**今自分がどの思考フェーズにいるのか、つまりなにを考えないといけないのか、ということを知る**ことです。

「なぜ」を繰り返すうえで、陥りがちなパターンとしては、課題の深掘り（Ｗｈｙ）をして真因を特定するための思考を行っているにもかかわらず、いつの間にか解決策（Ｈｏ w）までを考え出してしまっている場合です。

たとえば、先ほどの例でいえば、「貯金が増えない」という要因は大きく2つに分けられます。支出が多いか（out）、あるいは収入が少ないか（in）、この2パターンです。

【支出面】

さらに支出にも、日常生活を行ううえで必要なもの（must）と、そうでないもの（want）があります。

- must　家賃／食費／水道光熱費／通信費　etc.
- want　飲み代／洋服代／動画コンテンツなどのサブスク代　etc.

【収入面】

一方で、収入がなぜ増えないかと考える際も、次のような真因候補（要因たち）が存在します。

- 業界全体の賃金が低いから／会社の賃金が低いから／副業できないから　etc.

仮にこのケースの場合、「貯金が貯まらない」の真因が、分析や検証の結果、「自分が働いている業界全体の賃金が安いから」という結論に帰着したならば（問題に対する寄与度が最も高ければ）、その段階ではじめて、「ではどうやって別の業界に転職する？」といった解決策、つまりＨｏｗの話に思考フェーズが移るわけです。

端的に述べましたが、仕事における複雑な問題解決も同様で、**必ずＷｈｙからＨｏｗの順に思考フェーズを進める**、この順番を守ることが思考整理のベースになります。

さらに話を進めます。

先ほどの事例の際に、Ｈｏｗの対策の思考フェーズにいる段階で「家賃を安くするためにシェアハウスについて調べよう」とはならないですよね（この場合、そうなってはいけないのです）。

なぜならＷｈｙの思考フェーズで「貯金が貯まらない真因は自分が働いている業界の賃金が安いから」と特定できているわけですから（本事例では理解を促進するため、仕事に対するやり甲斐や人間関係など、「貯金不安」以外の要素はいったん無視しています）。

まずWhy。次にHow

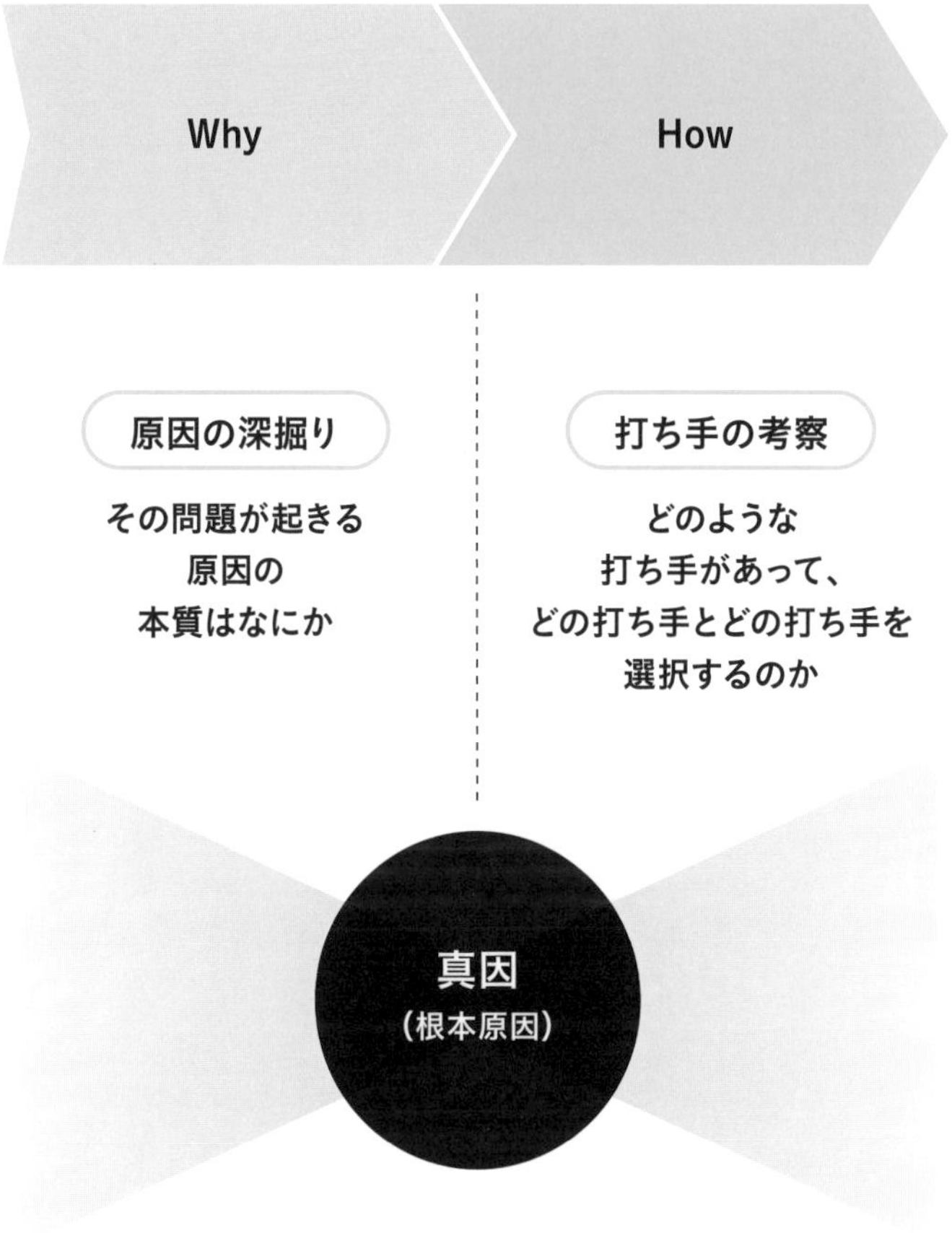
Why
How
原因の深掘り
その問題が起きる
原因の
本質はなにか
打ち手の考察
どのような
打ち手があって、
どの打ち手とどの打ち手を
選択するのか
真因
(根本原因)

◎「常識」からはできるだけ距離をおく

次に、2つ目のポイントは、**正しいWhyとHowを選び取る**ということです。

真因特定や解決方法を模索するなかで、こんなことを思ったことはありませんか？

「これってただの正論だよね？」

「常識的に考えて実現不可能だ」

前者は正論を否定して、後者は常識を肯定しているようにもとれます。

この2つを考えるうえで必要なことは「どちらが正しいか？」です。そしてさらにいうならば、**「正しい」という言葉も「真実である」**と定義づけて話を進めます。

根性論や精神論の類いだと誤解されないよう、まずは「常識」と「正論」という言葉の定義についてご説明します。

「常識」というのは、英語では「common sense」、つまり**共通の認識**です。

そこには、正しい、間違っているという意味はなく、いわば数の多さでしかありません。多くの人が黒い犬のことを白い犬だと言ったら、それは白い犬になるのです。これが共通の認識であり、常識という言葉の奥にあるひとつの性質です。

「正論」というのは**科学的に証明されていること、ロジックが成立していること**を指します（指すとしましょう）。

そして、新しく発見したＦａｃｔを振りかざして常識に屈服することになってしまったのがガリレオ・ガリレイです（いったんここでは地動説が真であると仮定します。本質から外れるため）。

常識を肯定して、Ｆａｃｔを否定するということは、大勢の人が「犬（実際にも犬）を見て、あの動物は猫です」と言うことを肯定し、「犬（実際にも犬）を見て、あの動物は犬です」という主張を否定するようなものなのです。

こんなのおかしいですよね？

正しさ（真実）に勝る論はないというのは決して綺麗事ではないのです（私は仕事上、クライアントの顧問を引き受けることが多いのですが、どこかの経営コンサルがクライアントの会議で、正論（Ｆａｃｔ）ベースで提案したにもかかわらず、「それって正論だよね?」といったクライアントのお偉いさんのマウント発言で一蹴《いっしゅう》されている光景をよく目にしますが……)。

◎ 自分の「正しさ」にこだわらない

3つめのポイントとしては、**適切な疑い方をする**ことです。

ビジネスの世界では、「疑う」ことの大切さについてよく論じられます。「なぜ」を繰り返すことや、解決方法を考え、実行するうえでも疑うことは必要です。

ではここで、皆さんに質問です。

「皆さんは疑うことの本質を適切に理解できていますか?」(この論については私も未だに自信がなくなることがあります)

ひとつ言えるのは、「疑う」ということは、他人に対して疑心暗鬼になることではありません。**ほかにも可能性がないかを探ることが「疑う」の本質ではないかと考えています。**

たとえば、新人社員が先輩から、「仕事の効率を考えると、少し今のやり方から変えたほうがいいかもね」と言われ、「そんなはずはない。今の自分のやり方がうまくいっているので変えないでいこう」と考えたとします。

これは疑うという行為ではなく、**ただの思考停止**です。

さらなる可能性を探るために、**「今の自分の仕事のやり方よりほかにいい方法があるのか？」と疑ってみる**ことがビジネスシーンでは必要です。

考えた結果、気になる部分を変えてみたり、客観的に見てどう思うか周りに聞いてみたり、周囲の人の仕事のやり方を観察してみたりして、これまでの自身のやり方、さらには自身の思考のクセすらも疑ってみることが、自身を成長させてくれます。

もっとも、上司や先輩に言われたことをなにも考えずに「はい、わかりました」と従うような低次元の話に留めてしまってもいけません。

では、実際になにかを疑う（ほかの可能性を探す）とき、どう思考すればよいのでしょうか。いきなり「疑え！」と言われても、なにをどうすれば「自分で疑えるようになれるのか」すらわからず、思考迷子になってしまいますよね（私もその一人です）。

ここで役に立つ思考アプローチに、先ほど少し触れた**演繹的思考法と帰納的思考法**があります。

「演繹法」「帰納法」という言葉を聞いたことがありますか。

どちらも論理的なアプローチの仕方です。それぞれ非常に長い歴史をもっています。

演繹法の特徴は、誰がやっても必然的に同じ答えになるところです。

たとえば、

1＋1＝2（が成り立つならば）

2＋2＝4（も成り立つ）

のように、**否定のしようがない事柄を礎《いしずえ》にして、さらに別の否定のしようがない事柄を組み合わせることで、論理を積み上げ、新たな真実を見いだします。**

演繹法では、前提が間違っていると結論も間違ってしまいます。そのため、「いかに間違いのない前提を設定するか」がポイントになります。

また、論理に飛躍がないかどうかについても注意する必要があります。演繹法を使いこなすためには、ルールや理論を鵜呑《うの》みにせず、前提を疑う目が必要です。

演繹法と対をなす帰納法についても、簡単に説明しておきます。

帰納法の特徴は**複数の事象を観察して、その共通項を捉えて結論を推論する**ことにあります。

事象1　ソクラテス、プラトン、アリストテレスは人間である。
事象2　ソクラテスは死んだ。
事象3　プラトンも死んだ。
事象4　アリストテレスも死んだ。
結論　　ゆえにすべての人間はいつか死ぬ。

これは帰納法の特徴を捉える代表的な事例です。この事例では、ソクラテス、プラトン、アリストテレスが死んだ、というサンプルから、共通要素（人間）を取り出して、「すべての人間はいつか死ぬ」という推論を導き出しています。

帰納法では、偏りのないサンプルをできるだけたくさん集められるかどうかもポイントになります。なぜなら、帰納法では「ほかの事象の見落とし」は論理破綻になり得るからです。

先ほどの例でも、もしも不死の人間がこの世に存在したら、結論は大きく変わってしまいます。だからこそ、多角的に情報を集めて論理展開を行うよう心がけましょう。

帰納法、演繹法という先人たちが築き上げた論理アプローチは自分の頭で考える際の基本としても使えます。

まとめると、演繹法は、**自明の複数の事実を足し合わせて結論を出す**思考法であるのに対して、帰納法は、**複数の事象を観察して、その共通項を捉えて法則などを見つけ出す**思考法です。

なにもない状態からいきなり疑おうとしても、自分の考え方や思考に偏った答えを出しがちですが、この演繹法や帰納法も取り入れ、思考の向きも意識しながら「考える」ことで、偏りの少ない答えが出せるようになってきます。

特に**真因を特定するためには、帰納的にも演繹的にも思考を進め、その合致点が見つかれば、それが「真因」となる**ケースは非常に多いです。

演繹的思考と帰納的思考

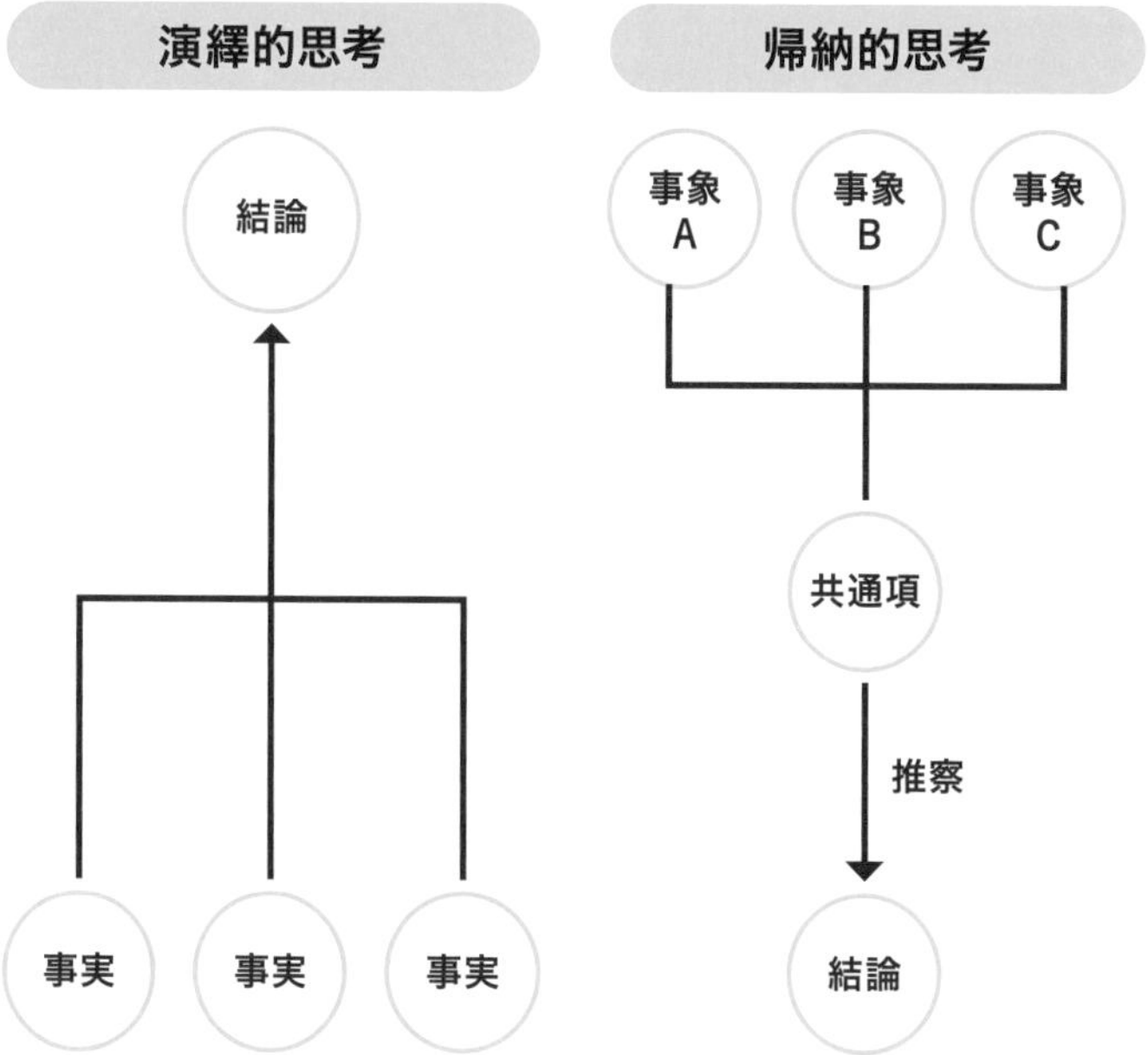

事実を積み上げて結論を導く考え方

前提が間違っていると結論も間違ってしまうため、「いかに間違いのない前提を設定し、論理を積み上げるか」がポイント。

それぞれの事象の共通項を見つけて結論を導く考え方

「ほかの事象の見落とし」は論理破綻になり得る（結論が大きく変わってしまう）ため、偏りのない情報をできるだけたくさん集めて論理展開を行えるかがポイント。

◎ 成功体験を過信していないか

最後に4つ目のポイントですが、**過去の成功事例が現在も通用するわけではない**ということを認識しましょう。

「過去に成功した方法だから今回もこれでうまくいくだろう」と成功体験の使い回しをすることもよく見かけますが、過去の成功体験はそのまま現在に適用できるものだと思いますか？

よく考えてみてください。

原始時代の人類は槍で獲物を狩ることで生命活動を担ってきました。でも現代社会で銃があるのに槍をもって獲物を狩りますか？

つまり、過去に優位性を保っていた手法が現代もそのままかというと、必ずしもそうではないということです。技術の進歩に関わる分野は特に、です。

では、活用できる成功体験とそうでないものの違いはどのようなものでしょうか。

判断のひとつの切り口として、**普遍的な領域の話か否かという観点で見る**こともできるかと思います。

たとえば30年前につくられたゲーム機を、現代社会を生きている小学生の何人がもっているでしょうか。でも、30年前に流行ったアーティストの歌は今も人々に愛されているわけです。最近では若い世代がTikTokで中森明菜やPUFFYの曲を口ずさんでいることをご存じでしょうか。

もしかすると機能的価値は技術進歩により普遍的ではなくなることが多く、一方、情緒的価値は意外と普遍的なのかもしれません。どんなに科学技術が進歩しようとも、人間のＤＮＡはキリストの時代から大きく変わっているわけでもありません。

◎ ありとあらゆることに「なぜ」という突っ込みを入れる

ここまで４つのポイントをご紹介してきました。

さて、皆さんに質問です。

以上の解説を踏まえ、では今すぐ適切に、「なぜ」を繰り返し、真因を特定し（Ｗｈｙフェーズ）、そのうえで解決方法を見つけること（Ｈｏｗフェーズ）ができそうですか？

自信がない人もいらっしゃるのではないでしょうか。残念ながら、これらの思考法は身をもって失敗し、訓練しないと身につかないようです。

ただ、ひとつのＴｉｐｓ（コツ）やきっかけとして、ここで述べたことを参考にしてみてください。闇雲に思考をするよりも、ある程度頭が整理された状態で問題解決を行えるようになるかと思います。ストライクゾーンやボールゾーンの存在すら知らずに打席に立つのは、ある種、無謀な行為でもあるからです。

そして、先ほどの質問で、できると回答した人は、**もしかしたらできると錯覚しているだけ**なのかもしれません。これはビジネス本すべてにおいて言えることですが、本から情報や考え方を得て満足せず、「試してみないと」成長につながりません。

唐突ですが、プロのピアニストの演奏を聴いたところで、それを真似していきなり演奏できるようになりませんよね？

プロ野球選手の試合を見たからといって、自分も同じようにプレーできるようになるかというとそうではありませんよね？

（自己啓発本なんて役に立たない……と思われましたか？）

思考も、ピアノや野球と同じことだと私は思っています。

思考法は本を読むだけでは身につきません。

本に書いている内容は「情報」として捉えるくらいがちょうどいいと思います。

なぜって?

私自身も、この本を含め他のビジネス本の内容ですら、先ほどから述べているように疑い、ほかにいい方法はないか、日々探っているからです。

LESSON 4

本当のニーズは「現場で考え、現場で研究」

この章では、ニーズの本質について説明します。

カラオケに行く学生、居酒屋に行くサラリーマン。これらには共通したあるニーズがあります。流行りの服を買う人々、ＳＮＳに“映える”写真を投稿する人々、これらにも共通したニーズがあります。

皆さんはこのニーズの本質に気づいていますか？

消費者アンケートデータばかり見ている、タツヤ。自社商品についての調査ではなく、食に関する大規模調査の結果など、いろいろなデータを分析していました。そして、大量の情報の波にのまれてしまったタツヤに、おじさんがこんな提案をします。

『早朝ランニングをしよう』

朝日が眩《まぶ》しい。今は朝の6時だ。こんなに早起きをしたのは何年ぶりだろうか。

おじさんが指定したランニングコースは、石けん工場や印刷工場などの多い下町エリアだ。

「こういう町工場の多いところ、久しぶりに来ました」

「ランニングがてら市場見学でもしたらいい」

「参考にできる部分なんてあるのかなあ……」野球部員は美術部員から学べることがあるのか？　逆もしかり。**まったく違うことをしている二者がお互いから学べることなんて、抽象的すぎて参考にならない気がする。**そんなことを思いながら俺はつぶやく。

飲料メーカーA社のレモンサワーのように同じ食品業界だったら、話はまた別だけど。

正直、業種も職種も違う領域から学べることがなにか、想像がつかない。


おじさんと並んで川沿いのランニングコースを走る。

あれは昨日、金曜日のことだ。

「ラーメンが食べたい」おじさんのところへ向かいながら、廊下で俺はそうつぶやいた。

甘いチョコ、甘いチョコ、甘いチョコ……俺は、とうとう水道の蛇口からチョコが出る夢を見てしまったほど、自社商品の試食ばかりを繰り返していた。

どんなに顧客調査データを見ても、真実がどれかわからなくなる。俺は休憩室のベンチに寝転んだ。この時間なら人も少ないし、大丈夫だろう、ちょっと疲れた。

「甘いものが食べたい」おじさんがベンチに座りながらつぶやく。

「あ、もらってきたウチのチョコレート要ります?」

「食えないんだよ、虫歯できたの」

「じゃあラーメン食べにいきましょうよ、ずっと甘いお菓子の試食と調査をしていたらむしゃくしゃしてしまって。唐辛子が入ったラーメンなんてどうです?」

おじさんは俺の話を聞きながらなにやらスマホを見ている。

「文脈がめちゃくちゃだな。むしゃくしゃねぇ。じゃあ今から走りにいくか？」

「無理ですよ、なに言ってんですか」

「じゃあ、明日！　朝6時に○○川の近くに集合な。いつものランニングコースで」そう言いおじさんは出口へと歩き出す。

「いつものって、一回も一緒にランニングしたことなんかないじゃないですか。いや、そこじゃなくて、朝6時？　いくら土曜日でも早すぎますよ」

「そのあとラーメンでも奢ってやるぞ？」

「わかりました」と俺は返事をした。こういうのを手のひら返しって言うんだよな、確か。

俺は昨日のおじさんとのやりとりを思い出しながら走っていた。15分くらい経っただろうか。

「まだ5分だぞ」

おじさんから絶望的な言葉を聞く。俺の体力はこんなにも落ちていたのか。少しショックだ。

人は落ち込むと次々と不安なことを考えてしまう。最近の調査といい、自分が結果を出すための行動ができているかどうかわからなくて、不安でむしゃくしゃする。

同期はすでに営業でいい成績を出したり、広報活動でメディアに出たりしているのに、俺は……まだ、なにもしていない。別に焦っているわけじゃない、**ただちょっと不安なだけなんだ**。きっとそうだ。

俺はそんなことを思いながら、自分の髪の毛をぐしゃっとつかんだ。

「おい、兄ちゃん、なにをそんなにイライラしてるんだ！」おじさんが走りながら、俺に話しかける。

「別にイライラしてないですよ！」

急になんだろうか。眉間にシワでも寄ってたのか？　それとも愛想がよくないから？早朝の風が俺の額に吹きつける。冷たい。

「いや、してるね！」

「なんでそう思うんですか⁉」

散歩をしている人に不思議な目で見られる。

「兄ちゃんは、昨日、ラーメンが食べたいんじゃなくてな、ストレス発散がしたかったんだ！」

「急になにを……」息が切れすぎて話せない。おじさんはまったく疲れていない様子である。このおじさん何歳だ？

「『**ドリルが欲しいか、穴が欲しいか！**』この言葉、聞いたことないか？」

おじさんが別の話を始める。「俺は兄ちゃんの本当のニーズを見抜いたんだな！」

なんだかおじさんの話についていけない、ランニングも、思考も、一人置いていかれているみたいだ。

本当のニーズか。俺はストレス溜めて、なにしてんだろう。結局はマーケティングなんて結果論かもしれない。商品の調査をしているとそう思うことがある。

まだ、なにも成し遂げていないくせに、一人前にもなれていないくせに、俺にできることってなんだろう。そう思ったらおじさんになにも言えなくなった。少し、気持ちが暗い。

川沿いから外れて工場が立ち並ぶ道へ入っていく。

「こっちはランニングコースじゃないですよ」

「じゃあ散歩にしよう」

おじさんは歩き出す。俺もおじさんのペースに合わせて歩き出す。いや、俺はさっきから歩くくらいのスピードだったんだけど。

「なんでわざわざこっちの道に？」

「言っただろ！　同業者の動きだけ見ていてもイノベーションは起こせないと！」


「まだ飯屋は開いてないぞ」

「この缶コーヒー開けづらいな、いちいち手袋とらなきゃいけない」

「今日はいい天気だ」

……休憩している社員さんたちの前を走るといろんな声が聞こえてくる。


「開けやすさか」パッケージのことなんて、あまり考えたことなかったな。

「どうだ、これが本当のニーズ調査だ。**ニーズをとるときには関わりを隔ててはいけないんだ**」

「俺が今まで見ていたのは、食品業界の大規模調査のデータだから、別の業界のデータを見ればいいのか？」俺が独り言を言うと、おじさんが「バカ野郎」と言った。

「市場調査なんてやるマーケターは二流だ！ **知りすぎるとバカになる**」

おじさんはさらに続けた。

「俺はおじさんだけどなぁ、若者がやっているＳＮＳも全部見てる！ TwitterやTikTokも毎日見てる（笑）

なぜだかわかるか？ 変な市場調査よりも、よっぽど生々しい情報がとれるからだ。

兄ちゃん、ＳＮＳはやってるか？」

「仕事に集中したいからやってません」

「大規模調査なんかするヒマがあったらＳＮＳやれ！ 消費者の声やトレンドを知ることを普段から経験しとけ！」

俺はおじさんのその言葉に少しだけ疑問をもつ。いつもは現場が大事って言ってるのに、言うことが変わっていないか？

会社で働いていると、大人の言うことがコロコロ変わるところを何回か見てきたけど、この人もそうなのか？　なんて疑心暗鬼になりながら、眉間にシワを寄せる。

するとそんな俺の頭のなかを知ってか知らずか、おじさんはこう続けた。

「なにも俺は、ＳＮＳの情報だけをもとに企画書をつくったり市場動向を判断したりしろって言っているわけじゃない。そこには嘘の情報もあるからな。そうじゃなくて**他人に加工された情報を信じすぎるな**と言っているんだ。

たとえるなら、そうだなあ、兄ちゃんは魚について調べたいのに、スーパーに行って魚の缶詰を買っている感じだな。俺は大規模調査ってそんなもんだと思うんだよ。俺がズレてるのかな（笑）。魚を知りたければ、自分で漁に出て魚を釣って捌《さば》いて食うのが一番だ。しかし時間も有限だ。せめてスーパーに行って魚を自分の目で見て、それを捌いて食えるだろ。できることでいい。より本質に近い情報を自分の足でとりにいくんだ」おじさんはそう言った。

　俺はさっきのおじさんの言葉の意味が少しだけわかったような気がした。別に「現場が大事」ということと矛盾したことを言っているわけではなかったのだ。

　なんだか、これまでの自分の行動を思い返すと、関わる相手の第一声や、ほんの一言だけでその人のことを判断していた気がする。たった一言で判断なんてできるわけないのにな。少し反省した。

俺の表情をちらっと見た後、おじさんはさらにこう続けた。

「缶詰の中身を見ても、その魚がどんな色でどんな模様をしていてどんなふうに泳ぐのか、わからないじゃないか。だからこそ、**生の情報あるいは生に近い情報を自分からとりにいく。**

そして、その情報が嘘なのか本当なのか見分ける目も養えられるといいな」

おじさんは俺に向かってそう言った。

「どうすれば見分けられるようになるんですか？」俺は聞く。

するとおじさんは、「どうすればいいかは人それぞれだからなんとも言えんが、**見分ける力**っていうことだけもう少し補足すると、『2ちゃんねる』に書かれた情報が嘘か本当か見分ける力と似たようなもんだな。2ちゃんねる、知らんか」なんて言いながら腕を伸ばす。

結局、やっぱり答えというのは自分で見つけなければならないのかもしれない。

「もちろん最後は自分の目で、耳で確かめないといけないけどなぁ。結局、どれかに特化しすぎても情報に偏りが出るんだよ」おじさんは空を見上げながらそう言った。

おじさんの言葉が頭に響く。ついでに落ち込んでいた気分もなんだか晴れた。こうやって自分の行動を見直せる機会って今までなかったな。

気づけば1時間が経っていた。川沿いに戻ってきて、太陽が照りつけるアスファルトへ座る。

「どうだ、気分はスッキリしたか」

「辛いラーメン食べたときよりもスッキリしますね。なんか、俺が行き詰まっていた理由がなんとなくわかった気がします」

おじさんはストレッチをしながら話す。

「ラーメンしか食べない食生活をしていたら、ほかにどんな食べ物が流行っているのかわからなくなるように、**人は環境によって左右される。どうしても世界が狭くなってしまうんだ**」

おじさんの言う通りだ。

「俺は広範囲を見ていたようで、ほんのちっぽけなものしか見えてなかったんですね。一人の生活者としての自分のことさえも」

太陽の光が反射してきらめく川を見つめる。どの朝活セミナーよりもおじさんの言葉で自分に必要なものがなんなのかわかってきた朝である。同時に眠気が襲ってくる。

「5分経ったら起こしてください。必ず起きますんで」

俺は川の土手に寝そべった。

「唐突だな、わかったよ」

おじさんはスマホをいじりながら答えてくれた。

今日見たことや聞いたことが、頭のなかで回転しながら眠りに落ちていく。

「おい！　起きろ！　兄ちゃん」

どこからか、そんな声が聞こえる。本当は起きているけどまだ瞼《まぶた》が重たいからもう少し聞こえないフリをしよう。

◎ 手段でがんじがらめになると目的を見失う

ニーズの本質について勉強しようとすると、必ずと言っていいほど、「人々はドリルが欲しいのではなく、穴が欲しい」という話が出てきます。

ドリルを買う人が欲しいのは「穴」。穴を開けるためにドリルを買います。つまり、**ドリルは手段であって、穴が目的**。一方でニーズを考える際には、手段と目的を混同するケースが意外と多く、ビジネススクールでもしばしばこの「ドリルと穴」の話が登場します。

そして、その穴にも「なぜ穴が必要なのか」といった、さらなる奥のニーズが存在します。「なんのための穴？」といった観点です。

ここには、人々の求めている本質的なもの（つまりニーズの本質）を見つけようというメッセージが込められています。

1908年にT型フォードが発売され、あっという間に人々の乗り物は様変わりした

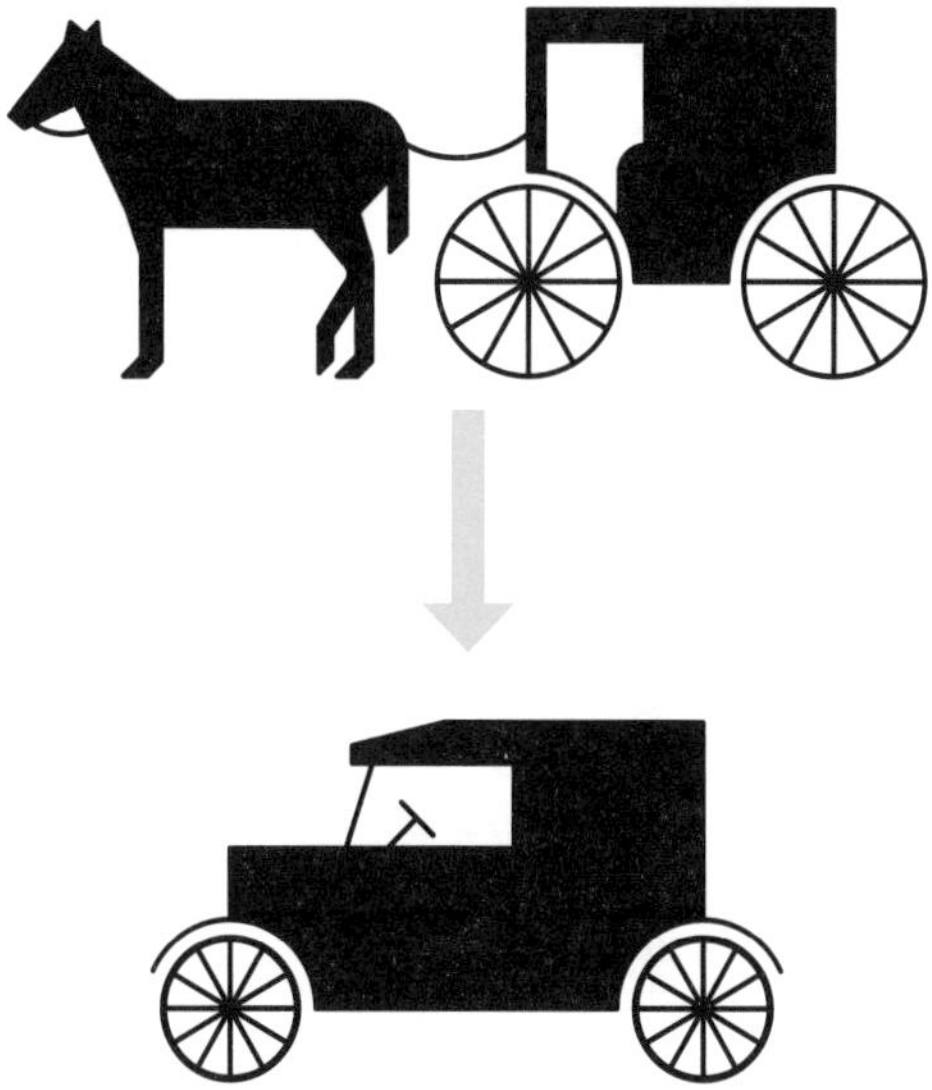

もし私が人々に何が欲しいかと聞いていたとしたら
彼らは「もっと速い馬が欲しい」と答えただろう
――ヘンリー・フォード

顧客が心から求めているものは何か？

ニーズの本質とは言い換えると、「**なんのために？（What is needs for the purpose?）**」と捉えることができます。


人々が流行りの服を買うのはなんのためでしょうか？

話題の韓国映画を見るのはなんのためでしょうか？

機能的には価格の安い商品並みでも、ブランドのマークが付いているものを買うのはなぜでしょうか？

なぜディズニーランドに行きたいと思うのでしょうか？


それは、**人がなにかをするときは必ず目的や理由がある**からです。あなたがこの本を手にとられたのも、なにか目的があったはずです。

言われてみれば当たり前のことですよね。ですが、実際には、ゼロから人々の潜在的なニーズを突き止めようとすると思考が止まってしまうことが多いのではないでしょうか。

本章ではそんなニーズの探し方についてご紹介していきたいと思います。

◎「経験した情報」が一番強い

まず、ニーズの探索方法で重要になってくることは、**自分がいつもいる環境とは大きく異なる、別の環境（世界）からサーチをする**ことです。

わかりやすくいうと、たとえば自動車業界の製造現場で働いている人は、情報の集め方や考え方がすべて自動車に関連することに偏ってしまいがちです（それが仕事なので仕方のないことですが）。そのため、社内の人になにかアイディアを求めても、似たり寄ったりの回答や情報しか集まらないでしょう。

しかし、社外に出て、たとえばエンタメ業界やＩＴ業界で働いている人にアイディアを求めたら、自分では気づきようのなかったアイディアや情報が得られることもあります。

つまり、**自分がいる箱から大きく離れて情報をとらなければ、隠れたインサイトには決して気づけない**ということです。私はこれを簡略化して、「『そんな考え方もあるのか』をたくさん探しにいけ」と言っています。

そんなもの、本やネットの記事、YouTubeでいくらでも検索できるじゃないか。そうお思いでしょうか。確かに現代人の生活必需品と言っていいほど、インターネットは便利で情報があふれています。

ここで、少し話が逸れますが、10年ほど前、縦型洗濯機が中国で大流行しました。皆さん、なぜだか知っていますか？

日本の洗濯機は衣服の汚れがよく落ちるからでしょうか？

いいえ。中国の人たちは「芋」を洗うために日本の洗濯機を使い始めたからです。日本の洗濯機はゴツゴツした芋を洗っても簡単に故障しないことを誰かが知ったからです。

もし、この事実の第一発見者が中国で日本の洗濯機を使って、芋洗い事業を始めていたら、きっと多くの食生活のニーズに応えることができ、大儲けできた可能性があると思います。

そしておそらく芋以外の食材も洗ったり、あるいは食品専用の洗濯機の開発話につながり、特許ビジネスに発展したかもしれません。

話を戻すと、この芋洗いの活用事例は、「洗濯機とは衣類を洗うもの」という固定観念を取り払った好事例です。

再度、先ほどと同じ質問をします。

本やネットの記事、YouTubeでいくらでも検索できるじゃないか。そうお思いでしょうか。

本書で口酸っぱく言っている「現場で体験をする」というのはこういうことなのです。

もちろん、洗濯機の用途が芋洗いであることをネットで知ることもできるでしょう。

ただし、その段階での情報はいわば二次情報。競争が激化している現代においてネットで集められる情報は、言ってしまえば誰でもとれる「**鮮度の落ちた遅い情報**」なんです。

誰よりも早くフレッシュな情報を得たければ、「現地現物での情報どり」を徹底することに尽きます。

また、体験者の悩みに応えるため、実際にサービス提供側の方々が、現場でそのサービスを体験し、人知れず起きたイノベーション事例として、胃カメラの鎮静剤が挙げられます。

胃カメラといえば、苦しい、つらい、痛いというイメージをもたれることが多いと思います。患者さんにとって地獄の検査です。ほかにバリウムを使った検査もありますが、このバリウム検査で異常が見つかった場合には、より胃の状態がわかる胃カメラ検査をしなければいけなくなります。

それならば最初から胃カメラ検査をするほうがいいじゃないか？　という人も多いと思います。検査を受ける目的は、バリウム撮影であれカメラ観察であれ、胃の状態に異常がないかの健康チェックなのですから。でも「普通に」胃カメラ検査を受けるとわかりますが、つらいなんてレベルじゃありません（経験者談）。

しかし、最近では、胃カメラ検査をする際に、患者さんに検査直前に鎮静剤を注射することで検査時のつらい痛みを和らげることができるようになっています。

というより、体験談としてもっとはっきり言うと、注射後はぐっすり寝てしまって、「起きたら検査が終わってた」、こういう状態です。寝てしまっているので検査中のことはまったく覚えていないのです。

これは、実際に胃カメラを体験してそのつらさを知り、患者さんの身になって考えられた医療従事者側の画期的なアイディアです。

- 胃の検査は定期的にすべきである

↓

- でも患者さんは嫌がる

↓

- なぜなら苦痛だから

この解決策として鎮静剤を使用した胃カメラ検査が行われるようになり、患者さんも安心して胃カメラ検査を受けられるようになりました。10年前はそのハイブリッド検査をやっている病院を探すのが大変でしたが、今ではほぼどこの病院でもその検査を受けられるまでになっています。強くて根深いニーズに医療従事者の方々が応えてくれたおかげです。

真の情報は自分でその苦痛を見聞きしたり、自らが体験してはじめてわかるといった側面も持ち合わせています。

また、もしあなたが新鮮でリアルな情報を得たければ、つまり質のいいニーズを得たければ、ネットの時代だからこそ、情報どりは刑事のように足で稼ぎましょう。

そして、自分が属している業界以外でリアルなニーズを自分で得て、それを自分の業界に逆輸入して活かす必要もあります。なぜなら**情報は待って得るものではない**からです。

ですから、本やネットの情報はその情報の取っ掛かり（ヒント）くらいに留めておきましょう（言い換えれば、取っ掛かりをベッドの上で得られる時代になったともいえ、ニーズの表層に気づくチャンスはスマホのおかげで確実に増えています）。

最後に、どうでもいい話ですが、私が冬になると強く思うことは、カニ（鍋）の食べづらさ、なんとかならないかなあ、です。誰か便利な食べ方を開発してくれないですかね。「あったらいいな」とずっと思っています。

あと、クルマのワイパーもなんとかならないかなあ（歌手の奥田民生さんの「車カー」という楽曲で問題提起されていますが）。

どなたか、ぜひ開発をお願いします。

「満たされていないニーズ」を全方位的に考えてみる

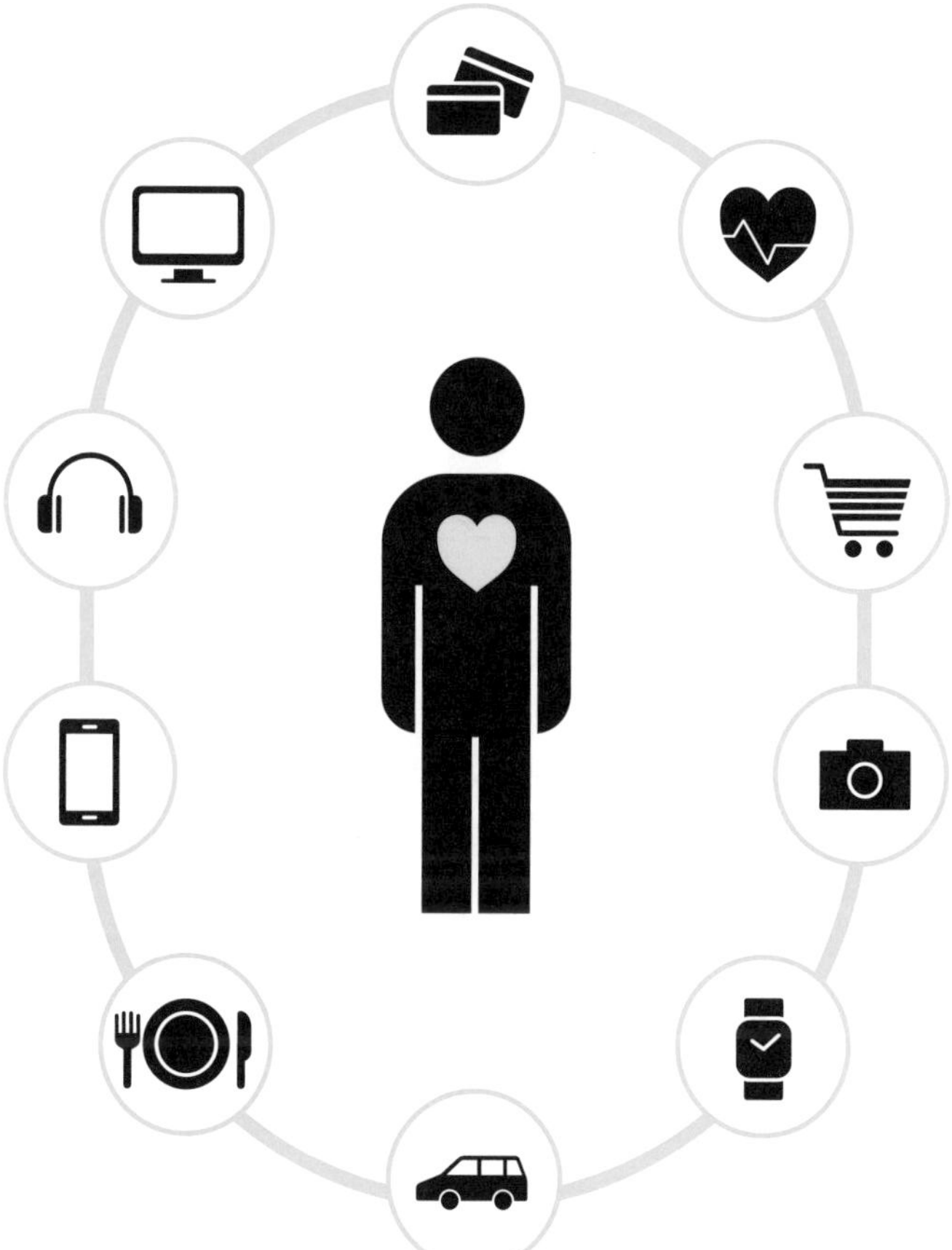

LESSON 5

「戦える場所」を組み立てる

この章では、戦う市場の見つけ方について説明します。

たとえばあなたが靴をつくっている会社の社長だったら……。国民全員が靴を履いている国と、靴が普及していない国、どちらで売り込みをかけますか？

この答えと、その理由が言えるようになったのならば、あなたも、タツヤと同じように成長しているかもしれません。

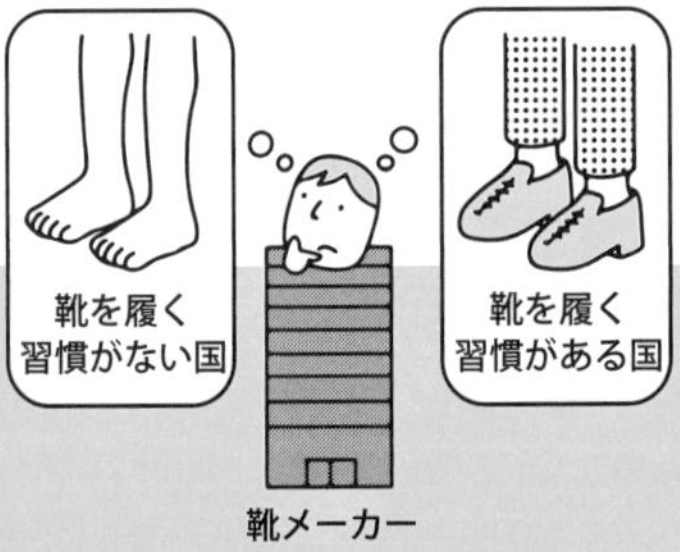

マーケターとしての考え方を身につけてきたタツヤ。これは大ヒットだと思うようなアイディアを思いついたようですが……。

「手が汚れないポテトチップス？」

「はい。最近ポテチを食べていて思ったんです。ポテチは食べるときに手が汚れる、だから仕事中には食べにくい。新しい商品ばかりを考えていたけど、今あるものを別の方向から考えてみようと」

　仕事終わり、公園のベンチでおじさんと話す。今日はビルの点検があり、オフィスが早めに閉まったのだ。

「ほほう、**今あるものを活用する**のはいいアイディアだな」おじさんが言った。

　俺は今までに教えてもらったことを活用して、新たな商品のアイディアをおじさんにぶつけてみた。

「でも、仕事中にポテチを食べる人ってそんなにいるか？　**ニーズが弱いところに切り**

込んでもポジションは築けないぞ。そんな経験ないか？」おじさんが缶コーヒーのタブを開けながらそう言う。

　おじさんの言葉が俺にグサッと刺さる。考えてみれば、会社のゴミ箱にポテチの袋が入っているのを見たことなんてない気がするな。

「じゃあ、ペン回しとか……」俺は苦い青春の日々を思い出した。

「詳しく聞かせてみろ」おじさんがそう言うので俺は灰色の青春の思い出を語った。

「俺は高校時代、ペン回しをひたすらに極めたんです、有名になってモテたかったからです。ただ、俺の高校でペン回しなどに興味を示すクラスメイトはいなくて、みんな勉強に必死でした」

　俺は胸ポケットに入れてあるボールペンを使って4回転のペン回しを……する前にペンを落とした。

「いやそこは完璧にやってくれよ」おじさんが言う。いつもこうだ。

「ニーズを見つけるって言っても、どういう順番でやったらいいかわからなくて。アイディアをたくさん出すのか、ひとつのアイディアを磨き上げるのか」

　俺は、結局は量より、質だと思っている人間だ。公式を間違って覚えたら、その公式を使って計算問題を１００個解いたとしても答えはすべて間違いなのだ。

するとおじさんがこんな話をしてきた。

「質の話はいったん置いておいてさ。１００回投げて10回当たるダーツがあるとする。兄ちゃんは1位をとるために何回投げる？」

「そりゃあ、１００回、です」

するとおじさんはこう言った。

「**回数制限がないんだから１０００回でも２０００回でも投げればいい。**これがビジネスの世界だ。スポーツや勉強とは違うんだよ。だから思いついた意見はどんどん投げていけ。

でも、正しいニーズを見つけてから取り掛かることは忘れてはいけないけどな。兄ちゃんが大事にしている『質』のことだ。温泉が出ないところでいくら穴を掘り続けたって、ただ疲れるだけだ」

「俺は、自分でアイディアを出す回数に制限を設けていましたよ」

おじさんに対して言葉を返す。今まで考えたことなかったな。もしかしたら俺の会社

にいるあの営業部長も、課長も、そして目の前にいるこのおじさんも俺よりもたくさん、バッターボックスに立ってきたのかもしれない。

俺は飲み終わった空き缶をゴミ箱へ放り投げる、その距離2メートルくらいか。

カンカンッという音を立て空き缶が地面に落ちる。「いやそこはちゃんとゴミ箱に入れるところだろ」おじさんが言う。

「**熱意だけでも、スキルだけでも、センスだけでも成り立たない。それがビジネスの世界でありマーケティングの世界でもあるんだ**」

おじさんはそう言い、離れた場所から空き缶をゴミ箱へ投げる。そして、「ちゃんと」空き缶はゴミ箱に入った。

なるほど、納得した。さっきの計算問題の例で言うと、正しい公式を覚えて、それから、たくさん問題を解くってことだな。ただ、学校の勉強と違うところは、ニーズは教科書に載っていないということだ。

おじさんは少し得意げな顔をしてこう言った。

「俺の高校時代の話をしてやろう」

おじさんの高校時代って……どんな高校生だったのだろう。昔からこんなふうに考える、分析することに長《た》けていたのだろうか。

「高校時代、俺は魚屋でアルバイトをしていた。昔は、刺身はサクで売っているものだったんだけどな。若い人にはあまり人気がなかったんだ。当時その街には若者の人口が増えていたから、この人たちが買ってくれれば、店の儲けも増えて俺のバイトの時給も増えると考えた。

そして若い人たちが、店の前を通るときにどんな感情を示すのか、俺は、確かめてみた。若い人たちは刺身のサクに対してこういう感情をもっていた。

『魚か、切るの大変だな』『友だちとの家飲みのつまみに持っていくのは面倒だな』」

「心の声ってエスパーじゃないんだから……」俺はつぶやく。

「エスパーじゃない。**複数人で店の前を歩く人たちの会話や目線に注目**しただけだ」

おじさんは話を続けた。

「そこで、『刺身のサクを切るのは面倒』という感情をもっている人たち、つまりニーズとしては『最初からサクを切って売ってほしい』というセグメントがいることに気づいたんだ。

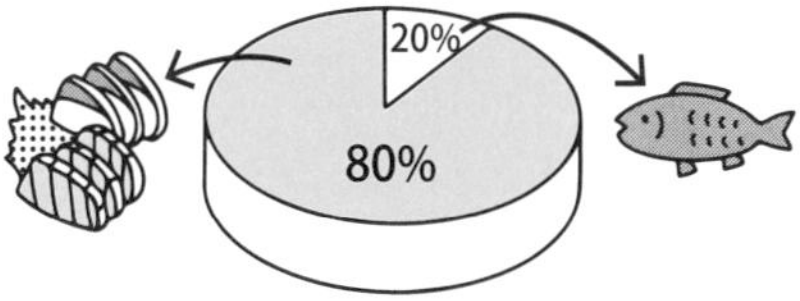

そして店の前を通る若者の8割が同じように思っているのが見てとれた。

その後は、店主に魚を切るサービスをしたらどうだとか、切らなくてもいいような小さい魚を置いたらどうだとか、いろんな提案をして、そして今スーパーで売られている刺身があるってわけ。刺身を広めたのは、この俺だ」

おじさんは得意げに話した。

「順番としては、**ニーズに気づくこと、その分母が大きいかどうか調べること、アイディアをぶつけること。**そして、このアイディアをぶつけるときには、打率は関係ない。とにかく数だということ」

おじさんの話に対して、俺はこうつぶやいた。

「俺はそもそも、ニーズの母数を確かめていなかったんだな。新商品のアイディア出しも、そして高校時代のペン回しのときも」順番は大事だ。

「火を沸かして、野菜を切ってから夕飯のメニューは決めないだろ？　それと同じだ」

おじさんは言う。

俺は高校時代におじさんと出会っていたら、ペン回し以外のなにかでモテモテになっていたかもしれない。そんなことを考えながら、もっていたノートにアイディアを書き始める。

ノートに書いた文字が見えにくくなるほど外は暗くなっていた。

「もう暗いな」おじさんがそうつぶやく。

俺はノートの最後に今日の日付を書いた。4月1日……

「って、嘘じゃないですか？　その話」

「ははは、ばれたか」おじさんが言う。

「桜、きれいですね」

「あれは梅の花だ」

「いいんですよ、なんだって。きっと花見をしている人はその木が桜だろうが、梅だろうがどっちでも関係ないんだと思います。人々はただ、きれいな花を見て人と話して、気持ちがホッとできたら、きっと満足なんだろうなあ」

「お、なんかわかってきてんじゃないか」

公園のそばに置いてある自動販売機の缶コーヒーは売り切れていた。

◎優れた知的生産には共通の手法がある

突然ですが、皆さんに質問です。

「イノベーション」とはどうやって起こすものだと思いますか？

天才的な経営者の画期的なアイディアから、偶然起こるものだと思いますか？

いいえ、違います。**イノベーションとは、決められた順序に則って行動しても起こせるもの**ではないでしょうか。

そして、イノベーションの要件のひとつとして「**自らが戦う場所を見つけること**」が必須条件だと私は考えます。


一年中真夏のような熱帯地域で、ストーブや防寒グッズを売りますか？

売りませんよね。地球環境の変化を祈りながら店を構えるのでしょうか。そんなこと

しませんよね。

ごくたまに、暑い地域でダウンジャケットを買ってみる、という人もいるかもしれませんが、そういった母数は少ないでしょう（ビジネスとして参入する市場を見つけることはニーズを見つけることとつながっています。そして、市場開拓はその母数が「多い」ことが前提条件です）。

こうしてみると、自分たちの戦う場所を見極めることが当たり前のように大事に思えますが、**実際、ビジネスになるとこれができている企業は少ない**ように感じます。

本章では、イノベーションを起こすうえで必須になってくる、戦う市場の見つけ方について私が考える順番をご説明します。

新規事業開発やDX（デジタルトランスフォーメーション）を謳《うた》い、自分たちのモヤモヤッとした課題をなんとなく言語化し、自社で試してもいないのに、解決策をもっていそうな専門分野の人材を雇う。当然、自分たちが狙う市場の状態などもわかっていませんし、外部から雇った人材は現場を知らないため事業に対する理解も浅いです。

このような取り組みは、なにか新しいことに挑戦しているふりと言うほうが正しいのかもしれません。

根拠のない思いつきが生むものは無駄な時間です。新しい取り組みを「やってる感」だけ演出すればいいわけですから、成果が出ない結果になることは当たり前です。目的もわからず歩いてもどこにもたどり着けません。

経営コンサルタントとして特に新設された事業部と仕事をすると、「なにかを変えてやろう」「社会の課題を解決してやろう」といった志のないことや、大手ほど外部から中途採用されたやる気まんまんの社員が、そのうちその「やってる感」の実態を知り、いつしかいなくなる光景をよく目にします。

話を戦う市場の見つけ方の本筋に戻します。

これは地図と同じです。自分の現在地を見定め、自分がどこへ向かうのか、その場所にたどり着いたらどのようなメリットがあるのか想像あるいは理解したうえで、歩きやすい靴や服、交通手段などを選ぶはずです。

そして、先ほどの「やってる感」の話でも言えることですが、悪い事例の場合は、目的地もはっきりしないなかで、そこに向かうための靴や服を揃えているだけにすぎません。つまり目的と手段が入れ替わっているということです。

もっと別のたとえ話をすると、勉強の仕方で説明することもできます。

小中学校のころを思い出してみましょう。

漢字テストに向けてノート一冊ぶん、漢字を練習しても、お手本とする漢字自体が間違っていたら、テストで正答し、いい点はとれないですよね。

とりあえずやってみるという姿勢は大切ですが、**自分がどこに向かうべきなのか、なんのためにこれをやるか、それらをきちんと見定めてからやってみなければ、望んでいる成果は得られません。**それどころか、ますます真の目的から遠ざかることになってしまいます。

◎ イノベーションが生まれる道筋

次に挙げる考え方は、あくまで私がイノベーションを生むために軸にしている思考法ですが、イノベーションを起こすための手順には「３Ｉ」が有効と考えています。

Imitation（真似）

↓

Improvement（改良）

↓

Innovation（技術革新）

「守破離」と似てますでしょうか。先ほどのどこかの大企業にありがちな状態はこの順番を守っておらず、**いきなりInnovationを目指しがち**です。

弊社がＤＸコンサルをする際にも「魔法の杖」を求めるお客様がなんと多いことか。それができるなら自社でやっています（笑）

私の会社では「イノベーション級の事業をつくりたいなら魔法の杖は捨てよ」と提唱しています。付け加えると、このようなケースは、コンサルに丸投げすればなんとかなる、それでいいという発想自体の改善がまずもってのコンサル案件ですが……。それはさておき、なにかを行うための構え（組織をつくるところ）から入っても、**結局は自分たちの目指すべき場所とその場所を狙えるという根拠がなければなにも生まれません。**

イノベーション到達までの着実な考え方

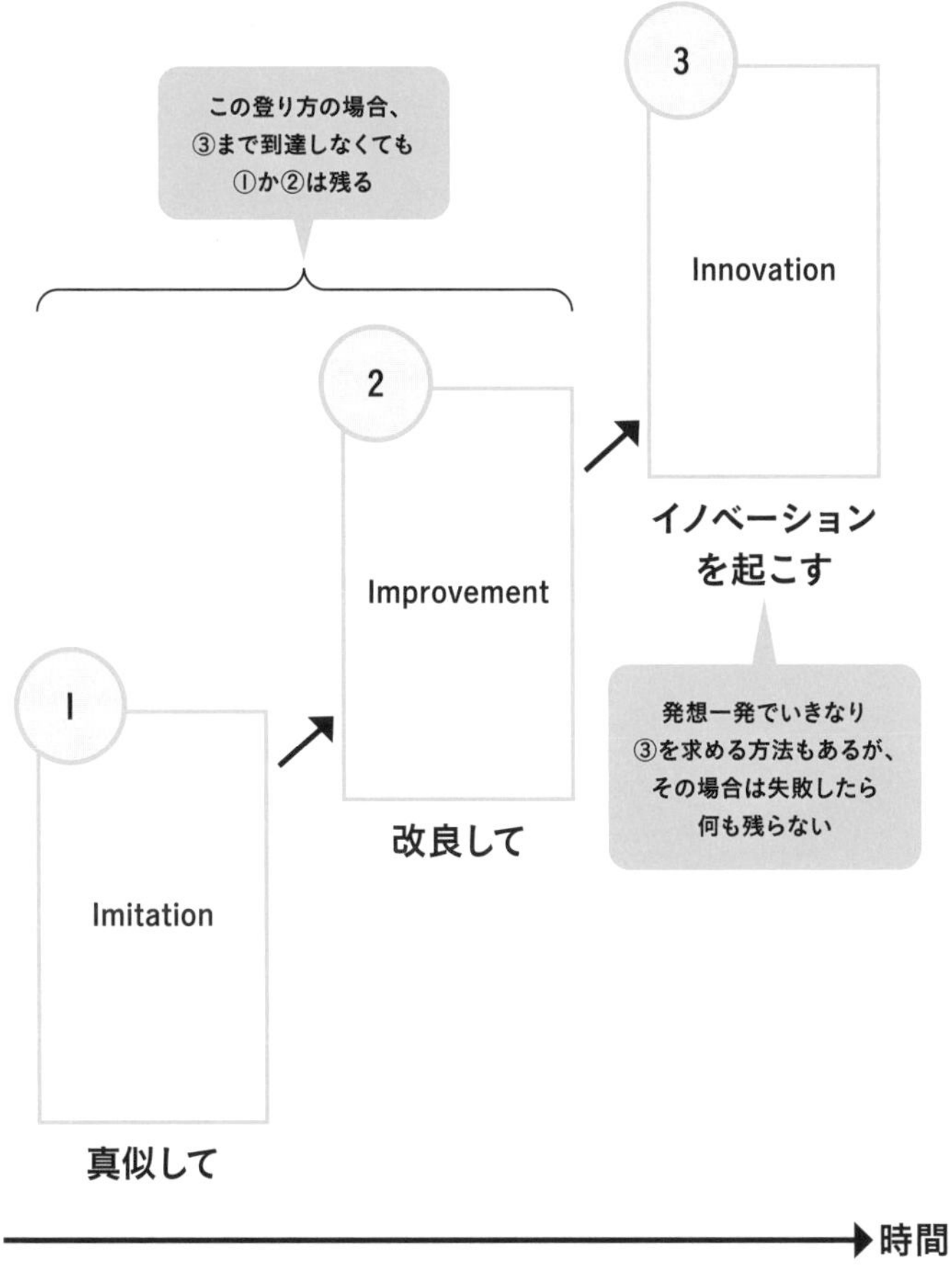

自ら戦う市場を見つけた好事例として、日本国内でチェーン展開している某イタリアンレストランを挙げます。よくＳＮＳでもなにかと論争が起こる、あのレストランです。同社は、多くの飲食店がオーダー業務をデジタル化しているなかで、時代に逆張りしているように見える注文形式を採用しました。

それは**お客様に紙に注文内容を書いてもらう**というアナログなものです。ＤＸの時代に、すべてのテーブルには紙とボールペンが備え付けられるようになりました。

同社はなぜそのような形式をとるに至ったのでしょうか。ただ単に周りと違うことがしたかったのでしょうか。

実は日本では多くの飲食店で使われている注文パネル（ｉＰａｄのようなパネル）をお客さんが使いこなせているかというと、そうではありません。そのような状況や自分たちの店に来る客層、人件費や導入費用などを考慮したうえで、デジタル化という戦う市場にはあえて行かなかったのです。

注文パネルの使い方をいちいち尋ねられていては、説明のために逆に店員の時間が奪われてしまいます。

お店に来る客層を見極めた結果、あの店は、デジタルパネルではなく紙と鉛筆を採用しました。個人的にはテーブルスペースもパネルがないぶん広く使えるメリットを感じます。

また、このレストランは一から自社で注文パネルを導入し、お客さんの様子を観察したのかというときっとそうではありません。タッチパネルを導入している飲食店などを偵察し、実際に体験したのでしょう。

現場で自分も体験する際には自らが試作環境をつくることも必要ですが、時にはこのように**すでに外にある環境を利用しても体験できます。**自ら実証実験をしなくても実際に現場に出向くことでそれらと同じ価値を得ることもできます。

わざわざお金をかけてＰｏＣ（概念実証。試作開発以前の検証のこと）を行っている企業は多いですが、実はほかの企業の事例を調べたり、自身がお客として他社のサービスを体験することで確認できます。**今の時代、ＰｏＣもわざわざ自社でお金をかけてやる必要すらない**のです。

先ほどのレストランの話に戻ると、多くの飲食店で使われている注文パネルの状態を観察して（この場合、真似はしていませんが、他社の状況を自分の店に置き換えて考えているためImitationとします）、自社の客層や人件費、単価などを考えてアナログな注文形式をとり（Improvement）、最終的にはその注文方式を導入することで、人件費の効率化の分野でInnovationにつなげているのです。しかも顧客の満足度も落とさずに。

ちなみにこのレストランは、もうひとつ目立った戦略をとっています。それは**料金設定**です。

日本では98戦略（少しでも安く見せるために、たとえば２０００円ではなく１９８０円にするなど）が当たり前となっていますが、ここでは税込３００円、税込５００円といったキリのいい数字の料金設定をしています。

なぜだと思いますか？　それはお店に行って5時間ほどお客さんの行動を観察すれば見えてきます。

答えを聞いたわけではありませんが、おそらくお客さんが、なにをどれだけ頼んだか計算しやすいためでしょう。

私の会社でその理由を探るために偵察しましたが、「割り勘するのに最適」、これが弊社が見つけたひとつの解です。ランチタイムとディナータイムの合間の時間に若者がよく利用するお店でもあり、店内でも「いくら？」のような割り勘話は必然のように出ていました。

つまり割り勘の際にも計算がラクなんです。決して高級レストランではない、低価格のレストランでもあり、お客様にとってはありがたい話です。

割り勘がラクだと、ついでに「もう一品頼まない？」みたいな会話も実際に多いことを目の当たりにしたときは、「すげえな、○○ゼリヤ」と感心しました。

市場の顧客像を徹底的に観察して戦い方を選ぶ。これが本来とるべきニーズ起点のポジショニング戦略のひとつであると再考できました。

◎ 成果は掛け算！

なんでもかんでもＤＸ。そのためにデジタルに詳しい人材を採ってくる。何年経ってもお客様を誰一人喜ばせられない。そんな日本企業は意外と多く存在します（体験談）。

では、どうすれば自分が戦うべき市場を見つけることができるのでしょうか。

それは先述した事例のように、３Ｉの順番で**自ら体験し仮説を立て、真似して（真意は競合事情を同レベルで知ること）、さらに改良を繰り返し繰り返し積み重ねていく。**そのなかで、「もしやこれは？」といったイノベーションの入口が見えてきます。

ほかに一発逆転の思いつき的な方法もありますが、エンタメ業界ではない産業では、資金力がないとその「賭け」に挑戦することは無謀な策に終わるリスクをはらみます。そのため、弊社ではまずは３Ｉのステップを推奨することが多いです。ただ、ある程度方向性を定めることができたら、「とにかくやってみる」「何度も失敗する」「そしてカイゼンする」の積み重ねです。

私は学生時代、肺がんのメカニズム解明のために必要となる損傷ＤＮＡをつくる研究（国際論文にも掲載）をしましたが、大きな発明こそ、多くの研究者の研究のうえに起こり得ることを知りました（もっとも、私が行った研究は、誰かがこの後に起こす大発明のために必要となる基礎研究の一部ですが、それもわかったうえで取り組んでいました。決して自身や担当教授が脚光を浴びないことも）。

話を戻します。もし大きな成果を求めるなら、まずは本章に書いてあるような地道なやり方で、あとは場数を踏んでください。

私が知っていることは、「成果とは、掛け算」ということです。

「地に足のついたやり方」と「トライする回数」を掛け合わせる。

これもひとつの掛け算です。

そのやり方を見つけ、後はトライする回数をひたすら重ねる、です。

市場を見つけるための回数に制限なんてありませんよね？

その市場へのアプローチ数の制限もありませんよね？

私たちは生まれてから今まで、なにかしらの制限と共に生きてきました。学校のテストを受けられる回数、採用面接を受けられる回数。でも勉強したり、練習したりする回数に制限はありません。成果が出るまでの過程であれば何回でも繰り返しトライできるのです。

これは仕事でも同じ。手法を見つけてとにかく試す。一回で決めようとせず、失敗からブレイクスルーを得る。そして再考してまた進める。

百発百中で戦う市場を見つけることや、成功することは不可能です。

今、あなたが思い浮かべているような成功者の実績だって、何度も挑戦をしたなかでやっとつかんだ成果なのです。

しかしながら、いくら市場のニーズを満たせたとしても、**プライスが合わなければ人々に必要としてもらえません。**これも忘れてはならないビジネスポイントです。

どんなに寒い冬でも、売られているストーブが1台100万円もしたら、普通の人はまず買いません。

あるいは、あなたが普段使っているオンラインショップの送料が1万円に引き上げられたら、いくら便利でも使わないはずです。

さらに、家から徒歩1分のところにスーパーができても、商品の値段がものすごく高ければ行きませんよね。

つまり、**あなたが「一般大衆的な感覚」をもっているかどうか**が重要です。

ちなみにマーケティング会社である弊社はタクシー禁止令を出しています、世の中の「普通」を知りたければ、自らも日常を数多く体験すべきだと考えているからです。社長の私も原則、タクシー禁止です。

考えてみてください。

専門業者に掃除を頼んでいるような家に住む人が、多くの人が利用する100円ショップで売っている便利な掃除グッズを開発できるでしょうか。

毎日外食している人が冷凍食品のアイディアを生み出せるでしょうか。

決して贅沢《ぜいたく》をするな、などと言っているわけではありません。

マーケットを動かすためには、**母数の多い人たちの「気持ち」を知る**ことが真っ先に必要で、これはマーケティングの必須条件でもあるのです。

LESSON 6

どうしたら誰かに喜んでもらえるかを考える

この章では、相手が求めていることを考える重要性について説明します。

当たり前ですが、自分と他人は違います。他人のことが１００％わかる人はいません。でも推測することはできます。その推測方法について、マーケター視点を身につけた、タツヤが説明します。

掃除のおじさんが掃除のおじさんをやめても、おじさんはすごい人だから、ただのおじさんじゃない。
企画部の俺が企画部をやめたら……きっとただの人だ。
新卒の同期が会社を辞めて独立するらしい。そんな噂《うわさ》を聞いて、タツヤはこんなことを考えていました。

「新しい企画、却下されちゃいました」

就業終わり、俺はいつものように休憩室のベンチに座っておじさんと話していた。

「『上がねぇ……』とか、『なんか俺たちが大変になりそうじゃない？』とか、そんなコメントをもらいました」なにも考えてないくせに。そのとき言われた言葉を思い出すとイライラしてきてしまう。

するとおじさんはこんなことを言った。

「そういうやる気のない人たちとか根拠なく否定してくる人たちはな、攻略するんだよ。お前のお客さんには2種類ある。**上司と、市場の顧客**だ」

手をピースのかたちにして俺の前に差し出す。

はぁ？　なに言ってんだ、このおじさん。

「市場に求められているものを売らなければ商売として成立しないでしょう。上司が喜んだって市場が喜ばなければ、俺たちがいる意味がないんじゃないですか？」

俺は反論する。いつだって俺たちは市場のニーズに応えるんだ。そうじゃないのか？

「まぁ仰《おっしゃ》る通りなんだけどさ。じゃあ上司になんて言う？　『あなたは私のお客さんじゃないから黙っててください』なんて言えるか？　そんなことを言っても、兄ちゃんは損を被《こうむ》るだけだと思うぞ。企画のメンバーから外されるかもなぁ」

おじさんは笑いながら俺の背筋が凍りそうなことを言う。

「じゃあ世の中にあるサービスは上司を喜ばせた結果なんですか？」

納得していない俺は聞き返す。

「そうかもなぁ。世の中をよくしようと思って働いている人なんてほんのちょっとしかいないんだよ。悲しいことだけどさ。ただ、みんな自分のことでいっぱいなんだと言えばわかるだろ。兄ちゃんだって俺とはじめて会ったときはそんな感じだったぞ。だからそんなときは、まずは自分のことしか考えていない人間が喜ぶような情報を集めてやれ」

悲しい事実だが、俺のこれまでの短いサラリーマン生活を思い返してみると確かにそうかもしれない。てか、俺も前はそうだった。会社で偉くなりたいわけではなかったけど、同期と比べて劣等感に苛《さいな》まれていた。おじさんと会うまで、顧客のこと、１ミリも考えてなかったな。

じゃあどうしたらその人たちを動かせるんだろう。おじさんは俺の思考回路が絡まっているのを見てとったのか、こんなことを聞いてくる。

「兄ちゃんに質問。世の中をよくしようと思って働いている人は別として、**普通の人はどんなことで喜ぶんだろうな？**」

「ラクできる、とか、給料が上がる、とか？　自分たちの業務内容が少しラクになったり、売上が伸びて結果的にその人たちの給料が上がることになれば、自然とやる気になるのかも」と俺は自分ごととして答えてみた。

「そうだな」おじさんはそう言った後、続けた。

「**上司をいい気分にしてあげる。**もちろん、いい上司もたくさんいる。だけどなかには新しいことなんて面倒くさいからやりたくないと思っている人も多いんだよ。そういう人たちに向けては、その人にとっての『有益な情報』が有効かもな」

おじさんの言葉を聞いて俺は思った。結果的に自分たちの給料が上がるということは、会社全体としても利益が出ているという話にもつながっている。悪いことをしているわけではないのか。

なんでもかんでも真正面から向かってても仕方がないことってあるんだな。俺は妙に納得してしまった。

おじさんはそんな俺の横顔を覗《のぞ》き込むように見てくる。そして険しい顔をしてこんなことを言った。

「でもな、ちゃんとなにか理由があって兄ちゃんの企画を却下する上司もいる。そこには上司なりのいろんな考え方があるはずだ。それに対しても『この人はやる気がなさそうだから』とか、『どうせ俺のことが気に入らないんだろう』なんて思っちゃいけないぞ。

人を見下していいことなんてひとつもない。

別に尖《とが》っていてもいいんだよ。でも人を見下しちゃいけない。**絶対にだ**」

俺はあいまいに頷くことしかできなかった。

確かにこれまで口には出さずとも、やる気が見えないような人たちをどこか小馬鹿にしてきた自分がいた。自分だってなにか成し遂げているわけではないのに。

15秒ほど沈黙が経過しただろうか。少し固まった空気をかき混ぜるように、おじさんの声が部屋に響く。

「まぁ、おっさんの説教はこれくらいにしてさ。兄ちゃんには、社会をよくしようと思って働いている人として生きていってほしいわけよ。そして将来、兄ちゃんみたいな部下の質問に対してなにか答えてあげるような先輩になってほしい」

部下の質問に？　そんなのは、自分で調べたりするうちにわかってくる、とかおじさんは言うと思っていたから意外だった。

おじさんは続ける。

「部下が気兼ねなく質問できて、上司もそれに対してちゃんと答えを教えられる環境が理想だ。そういう環境が増えていかないとダメなんだよ、**特に今の日本は**」

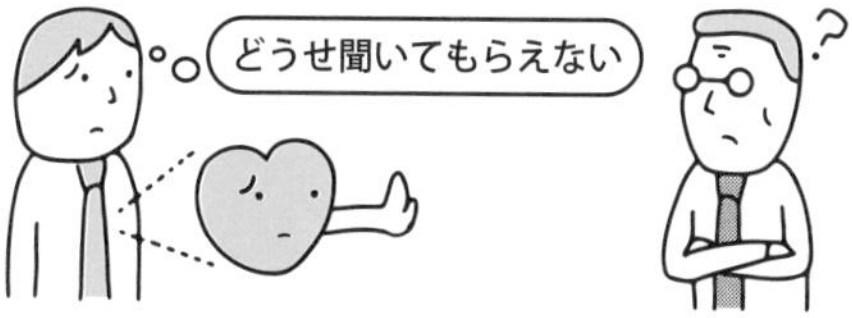

「**考え方ひとつとっても、『そういうもん』だと思って仕事をするのと、『こういう理由があるから』『こんな過去があるから』と思って仕事をするのとでは雲泥の差だ**」

思えば、おじさんは俺になにかを教えてくれるときは必ず、理由もセットで述べてくれたな。

「ということで、その反対もしかり。**部下も上司が納得できる情報をしっかり用意する必要がある**んだ。上司っていうのは、ただ企画部の上司というだけじゃない」

「ですね。部長にアイディアを通すだけじゃなくて、その上にいる社長も納得させる必要がある」俺は言った。

ちょっと喉が渇いたな。ベンチから離れ自販機のほうへ向かおうとする。

「ちょっと待った、兄ちゃん、特別なコーヒー飲みたくないか？　オフィスの前においしいアイスコーヒーを売っているキッチンカーが止まっているんだよ」

「飲みたいです！」俺は、自販機に向かったのはいいけど、いつもはズボンのポケットに入れている財布がないことに気づいたのだ。

「ただでは奢らんぞ」おじさんは言う。

「今から兄ちゃんは、オフィスの下で販売を始めたコーヒー会社の企画部だ。

このオフィスのそばでアイスコーヒーを売ったら、売上が上がるという主張を上司に通そうとする。さて、どんな情報が必要だろうか。根拠やデータも用意しろよ」

「わ、わかりました！」緊張のせいか、もっと喉が渇いてきた。俺は、メモに理由となる根拠を書いたり、スマホで必要なデータを引っぱり出してきたりした。

その間、おじさんは休憩室の窓からコーヒーを売っているキッチンカーを見下ろしている。


「準備できました！」

「待ってました！」

なんだか、今までの総復習みたいだな。テストされているみたいだ。俺は少し緊張しながら、話し始める。

「○○社オフィスの前でアイスコーヒーを売りましょう。そうすると売上が上がります。

これには3つの理由があります。

1つ目、人間は暑いと体を冷やすために冷たい飲み物を飲みたくなる。つまり夏に冷たい飲み物が売れるんです。逆に、体が冷えると温かい飲み物が欲しくなる。これが……そのデータです」

俺はスマホで季節別のドリンクの売れ行きを示したグラフを見せた。

「2つ目、ビジネスマンはコーヒーを飲む確率が高い」業務中にコーヒーを飲む人の割合のグラフを見せる。

「3つ目、このオフィスは駅から離れていて周りに店が少ない。競合店が少ないってことです。なにかを買うとしたら自販機か、少し歩いてコンビニに行くしかない。理由は以上です」

「兄ちゃん、どうしたんだ？　昔、自販機の前で落ち込んでたころとは大違いじゃないかよ」おじさんは少しびっくりしたような顔でこちらを見ている。

「説明の際に必要な〝データ〟が少し見えてきたんです。**知りすぎるとバカになる**って、おじさん言ったじゃないですか」

本当は、コーヒーに関するアンケートとかを用意して、「人々はなぜ、夏になるとアイスコーヒーを飲むと思いますか？」みたいなデータとか、「なぜビジネスマンはコーヒーを飲むと思いますか？」とか、そんなデータを参照しようと思った。でも、おじさんはこのデータは必要ないって言い出すと思ったのだ。なぜなら、これらのデータは**「行動」じゃなくて、「意識」を中心としている**からだ。

実際の行動じゃなくて、人々の印象を聞いても、それはあくまで印象でしかない。

事実に基づかないデータは、まさにお客さんが喜ぶ「事実」とはかけ離れている。俺らの、**お客さんは「喜ぶだろう」という上から目線の推測に基づいてつくり出してしまう**データだ。

たとえば、犬を飼っている人に、「犬はなぜ、散歩が好きなのだと思いますか？」と聞くのと、「散歩に行く日と行かない日で犬の様子はどう違いますか？」と聞くのでは、後者のほうが事実に基づいたデータがとれるだろう。

「主張の理由で使うデータって、複雑に入り組んでいる賢そうな数値があったほうが、信頼できるように思いがちですけど、実際に現場を見て、**データや理由はシンプルなほうがいい**って気づいたんですよね」

「ということで、おじさん、アイスコーヒー奢ってくださいよ？」

「お前……」おじさん、感動しちゃうかな。俺は少しワクワクした。

「財布忘れただけだろ」

「……ばれてました？」

「ばれてないわけないだろ。まぁ奢ってやろう、今日は暑いしな」

　アイスコーヒーを片手におじさんと歩く。

「兄ちゃん。今まで勉強してきたことが活かせているじゃないか」

「これもおじさんのおかげです。ありがとうございます」でもまだまだ、学びたいことはたくさんある。

　春の訪れを感じる心地よい風が俺たちに吹いてくる。

「なんで、サラリーマンはコーヒーを飲むんだろうな」おじさんが言う。

「みんなが飲んでるからじゃないですか？　あの仕事のできる○○部長がコーヒー飲んでる！　なんか、カッコいいから俺も飲もうっと、みたいな」俺はこう答えた。

「そういうのもあるかもなぁ」おじさんは笑いながら言った。

『マーケティングなんて才能のある人にしかできないんだ』という、少し前の自分の言葉を思い出す。おじさんにはじめて会ったときの、マーケティングのことをなにも知らない俺みたいな意見をもった人が、世の中にはたくさんいるのかもしれないなあ。

「兄ちゃんに、プレゼントをあげよう」

「そんな、いいですよ」おじさんからはもらってばかりだ。

「モノじゃない、今まで俺が言われたことがある言葉をあげよう」

そう言っておじさんは、指を立てて話し始めた。

「**そんなの流行るわけない**。

そんなのは、やれるわけない。

結局、財力には勝てない。

正論言ってるんじゃねえ。

いろいろ言う人はいるんだ。そういう人に限って、消費者の気持ちがわからないような生活をしていることがある。そんなやつらにはこう言ってやれよ。

タワマンに住んでいる金持ちのお前らに、普通の人の気持ちがわかるかよ！」

おじさんは大きな声で叫んだ。キッチンカーの人がこちらを見ている。ちょっと恥ずかしいじゃないか。

咳払いをした後、おじさんはこう続けた。

「**普通の人の気持ちがわからない人にマーケティングは不可能だ。マーケットをイングする、つまり大衆を動かすためには、大衆の気持ちを、わかっていないといけない**」

分かれ道に差しかかったとき、おじさんが言う。

「もうお前に教えることはなにもない」

急になにを言い出すのか。どう答えるべきか考えていると、おじさんがこう言った。

「なーんて、言ってみたかったんだよな。教えることはまだあるけど兄ちゃんはそれを自分の力で見つけられる力がついてきたから、これからは自分で自分に教えてやれ。**補助輪をつけていたら、いつまで経っても自転車に乗れるようにはならないからな**」

おじさんの言葉が、顔を洗うときに石けんが目に入ったみたいに、もしくはコンビニで売れ残ったおでんの大根みたいに、しみる。

「わかりました」俺はおじさんと反対方向に歩く。

遠くのほうから声がした。どうやらおじさんが俺を呼んでいるらしい。振り返ると、おじさんが大きな声でこう言っていた。

「最後、兄ちゃんに質問！

お前の普通っていうコンプレックスは、本当にコンプレックスか？」

じゃあな、と言いおじさんが去っていく。最後？

その日を最後に、いつもの休憩室におじさんの姿を見ることはなくなった。俺はこんな書き置きを、休憩室のベンチの上に見つけた。

「ハロウィンを広めた人みたいなすごい人になったら面白い集まりに呼んでやる。またな」

◎「相手が求めていること」だけに応える

さて、久しぶりに会うことになった友だちに保険の勧誘をされたら、あなたはどう思うでしょうか。

裏切られた気持ちになりませんか？

久しぶりに会う友だちといろんな話をしたかった。なのにその友だちから保険商品を売りつけられそうになった。がっくりですよね……。

それは、あなたのニーズと友だちの行動が一致していないため、嫌な気分になるわけです。

当たり前のことですが、**自分がどんなにいいと思っていても相手にとって必要でなければ（相手が求めていなければ）そこには価値がありません。**

本を読みたくないとき、誰かにおすすめの本を教えてもらっても「ほっといてよ」と

思いませんか？（私はそうです）

この保険勧誘のような「不一致」は「ビジネスあるある」だと私は思っています（たとえば新規事業開発や新商品企画の場で）。でも、おかしいですよね。5章でもお話ししたように、企業がなにか新しいことを始める際には、ある仮説を立てて戦う市場を見つけ、事前に市場調査などをしているはずですから。

言い換えると、そこにニーズがある可能性が高いことを認識したうえで新規事業開発や商品企画などを行っているはずなのです。それなのに蓋を開けてみたら、実際はそこにニーズなんてなかった。顧客が求めているものとは別のものをつくり出していたなんてことも少なくありません。

こうしたことが起きる原因としては2つ考えられます。

①ニーズが違っていた
②調査の仕方が間違っていた

①については、4、5章と重複する部分があるので、ここでは②について説明します。

◎ 何も生み出せない人がぶつかる市場調査の壁

前提として、市場調査とはなんのために行うかご存じですか？

「人々にどんなニーズがあるのか？」を確かめるため、と考えるのは誤りです。最低限、ニーズくらいは普段の生活から五感で知っておきましょう（私の経験からは、市場ニーズを市場調査で一から確認するような人はマーケティングには向いていません）。

そしてそのうえで、市場調査が必要だと思うならやりましょう。その場合、市場調査の目的は**「自ら立てた仮説が正しいか」を確かめるためのもの**になります。

そして、その市場調査ですが、使い方にも注意が必要です。

まず1つ目は、**情報の聞き出し方**です。言い換えると人々からとるべき情報です。**ラクして市場調査から気づきを得ようなんて思ったら、それなりのマーケティングしかできません。**気づきやニーズのヒント（仮説）は4章でも書いたように、あなたが現地現物で得てくるのです。

繰り返しになりますが、市場調査の目的は自らが立てた仮説が正しいかどうか、確かめるためのものです。

そのための大切なポイントをご紹介します。

それは、「**意識ではなく事実を**」という一言に尽きます。

世の中で行われている意識調査、あれってなんのためのものなのでしょうね？　私にはわかりません。

たとえば、とある地域でゴミ拾いとミュージシャンのライブを掛け合わせたイベントを企画するとします。

まずは人々にそれらの強いニーズがあるのか、そしてニーズの母数が多いかということも含め、検証しなければなりません。

そこで、調査会社に依頼して人々への意識調査をしたとしましょう。

まずは、人々のゴミのポイ捨てへの関心度を尋ねて、イベントのニーズがあるかを探ります。

意識調査ということで、「ゴミをポイ捨てするのは悪いことだと思いますか？」という質問をしたとしましょう。

おそらく多くの人が「悪いことだ」と答えるはずです。一方で、経営コンサルをしていてよく遭遇するのですが、このような意識調査を水戸黄門の印籠《いんろう》のごとく振りかざして、多くの人が「ゴミ拾いイベントに賛成だ」と論理を飛躍させるケースが散見されます（このパターンは非常に多いです）。

では、このゴミ拾いイベントの場合、どのように調査すべきなのでしょうか？　実はいい聞き方とそうでない聞き方があります。

まず「ゴミ拾いイベントに参加したいですか？」といった聞き方ですが、実際のところ、この聞き方では実態を聞き出すのはまだ弱い。もっと精緻に情報をズレなく吸い上げたければ、「この2年間であなたはゴミ拾いイベントに参加しましたか？」などと、事実を確認する質問を投げかけるほうがよっぽど効果的です。

事実（行動結果）に勝る論拠はないのです。

できるマーケターほど事実を確認します。意識を確認するのはビジネスの世界では

ありがちでダメなヒアリング例

〇〇の効果検証のための＜アンケート調査＞

① 〇〇を使ってみて良かったと思いますか？

YES　　　NO

✕ 誘導要素あり

② 〇〇の良いポイントは次のうち何になりますか？

a 金額感　　b 機能性　　c デザイン

③ あなたは〇〇を誰かにおすすめしますか？

YES　　　NO

✕ 誘導要素あり

改善例

〇〇の効果検証のための＜アンケート調査＞

① あなたは週に何回〇〇を使いましたか？

a 0回　　b 2回　　c 3回以上

（b、cと答えた方）

② 〇〇の良いポイントは次のうち何になりますか？

a 金額感　　b 機能性　　c デザイン

③ あなたは〇〇をいくらであれば買いたいと思いますか？

a 100円　　b 500円　　c 1000円

「弱い」と私は認識しています。

また別視点での考え方ですが、思っているだけで行動に移さないのだとしたら、結局は行動していないのですから、その場合は、強いニーズは存在しないと解釈することもできます。

もしニーズの強さや母数を確かめるための情報を聞き出したいなら、「あなたは普段から道端に落ちているゴミを拾っていますか?」という質問のほうがシンプルで的確です。**意識ではなく、拾ったという事実に基づいた情報**が得られます。つまり、ゴミ拾いなどのイベントを企画するために適切な情報を得やすくなります。

◎私たちの考え方は普段、想像以上にバイアスがかかっている

しかしこれだけではまだ足りません。情報収集は、**その方法についても考慮する**必要があります。

たとえば調査方法には、複数人を同じ会場に集めて行うグループインタビューなどの手法がありますが、先ほどの例でいえば、会ったこともない複数の他人とグループ化さ

れたその場限りの時間で、「あなたは道端に落ちているゴミを拾いますか？」という質問に対して、正直な答えを言えますか？

人間誰しも自分のことを少しでもよく見せたい、あるいは悪く見せる必要はないという意識も働くので、本音と建前を使い分けてしまうのではないでしょうか。

いやいや、グループインタビューを否定するの？　というツッコミもわからなくはないです。でも、グループインタビューのなかで、「あなたは不倫していますか？」と質問して正直に答える人は何％いるでしょうか？

わかりにくければ、「あなたは薬物を使用していますか？」でも構いません。

グループインタビューという形式にはなんらかのバイアスがかかっているのです。 質問に濃淡はあるものの、誰もリスクをおかしてまで正直に回答なんてしません。

企業のマーケティング部の多くはそういった調査を平気でやっていますが、その光景を見るたびに「この会社は大丈夫か？」「ここの調査会社も大丈夫か？」と本気で思います（言いませんけど）。

質問を変えます。

もし、あなたがさほど親しくない同僚のいる前で、「あなたは上司のことを尊敬していますか?」と質問をされたら、どう答えますか?

その上司を本当に尊敬しているなら話は別ですが、もしそうではなかったとしても、自身の本心に反する回答をする場合もあるのではないでしょうか。つまりはそういうことです。

このような収集方法で集めた情報を論拠に新しいサービスや事業を開発したとしても、**市場にウケるはずなどありません。**真実を捉えた情報ではないのですから。

しかしながら、このようなエセ情報さえも、グラフや表に並べてみるとカッコよく見えませんか? でもそれは、カッコよく見えるだけであって実際には意味のない情報であることがほとんどです(経験談)。

そしてこれが「○○総研」などのシンクタンクや外資系コンサル会社が行った調査結果だとしたら、そのブランド力につられて、いとも簡単に「なるほど」「確かに」と真面目な顔でわかったフリする、有名大学出身の大企業社員を、私は嫌というほど見てきました。まさしく「オワコンジャパン」です。

バイアスをつくりだすもの

この本を読んでいる皆さんには、そんな情報に対して「**だからなに？**」と言えるような人になってほしいのです。

誰かが集めた情報にケチをつける批評家になってほしい、と言っているわけではありません。**価値のある情報とそうでないものを自分で見分ける目**をもってほしいのです。

すべての事象を疑ってください、圧倒的な成果を出したいのなら。

そのために、今自分が利用しているサービスはどのような調査をもとに開発されたものなのかまで想像してみるのもひとつの手法です。

たとえば、ベビーカー。誰にどのような質問をして開発されたのでしょうか。

「あなたは自分の子どもに怪我をしてほしくないと思いますか？」なんて質問するわけないですよね。

汚れがよく落ちる洗濯洗剤の場合、誰にどのような質問をしたのでしょうか（「あなたは服の汚れがきれいに落ちてほしいと思いますか？」なんて質問はしないはずです）。

誤解のないように補足しておきますが、決して市場調査が悪いと言っているわけではありません。

ただ使うべきタイミングと使い方、これを意識していただきたいと思います。
そして質問内容と質問への回答に対するリアクションから、人の能力を判別してほしいとも思います。この人はできる人か、そうではない人かと。

◎「スタート地点」はあくまで相手

さて、情報の集め方やとるべき情報の見極め方についてご紹介しましたが、読者の皆さんから、こんな声が聞こえてきそうです。

「いい情報を集めて顧客のニーズに沿った企画を立てても、結局は上司が気に入るものじゃないと意味がない。だって上司が納得しないと企画が通らないのだから」

あなたは悩むでしょう。どうすれば上司の顔色を窺《うかが》わず、市場が求めているものを提供できるのだろうか、と。

結論から言うと、正論だけで勝負してもいけません。**上司の顔色、おおいに窺っていきましょう。**

「えっ、言ってることがわからなくなってきた」という声が聞こえました。

今一度言います。

「意識ではなく事実を」

どうぞ堂々と社内の人様の顔色も窺ってください。

なぜなら世の中は、利他的本質主義の人間だけではなく、承認欲求で満たされたい人が数多くいるからです（事実です）。

これは私の市場調査の結果、つまりＦａｃｔです（歴史を勉強しても見えてきます）。

「顔色窺い力」と「企画通せる力」はおそらく相関関係にあるでしょう。

残念なことに、働いている人の全員が、世界をよりよくしようと思って仕事をしているわけではありません。

自己犠牲を払っても本気で社会をよくしようと働いていらっしゃる人もいます。私の肌感覚だと、せいぜい2割程度でしょうか。**残りの方々は自身の地位や名誉、あるいは保守的理由（安定してお金がもらえればいい）を優先して働いている**人が多いのではないかと思います。ただ私は、その状態を否定もしませんし、悲観もしません。もしかしたら人間って昔からそうだったのかもしれないと思っている派です。

おそらくですが、歳をとるとよりその傾向が強くなります。私自身も若いときと比べて、少しずつそういうグラデーションがかかってきている自覚があります。

ですから、もしあなたが熱意や想いをもって社会をよい方向へと改革したいなら、この「リスクをとりたくない派」すらも味方につけて改革を起こさないといけないのです。

さらに言えば、こうした方々を避けて企画を通すことも不可能です。私もこれを理解するまでに時間はかかりましたが、おそらくこれは受け止めざるを得ない真理なんだと思います。

一方で、**あなたがその関門（自利の決裁者）すらも攻略できなければ、その先にある顧客の心をつかむマーケティングなどできるはずもない**のです。

なにが言いたいか。どんな局面でも、決して媚《こ》びずに**「相手がなにを求めているかを考える」**ことがマーケター、いえビジネスの世界では必要なことなのです。

LESSON 7

ロジカル思考を超えて ラテラル思考ができるようになる

この章では、戦う「土俵」について話します。

フランス料理の人気シェフがつくる高級料理よりも、母親がつくる料理のほうが、「好きな料理」ランキングに並ぶのはなぜでしょう。

皆さんの身の回りでも、「土俵」外での戦いが繰り広げられているのかもしれません。

おじさんとの突然のお別れから長い年月が過ぎ、現在のタツヤは商品企画部の部長になっています。彼はなにを学び、なにを実行してきたのでしょうか。

結局、おじさんの正体がわからないまま25年が過ぎた。そう、一昔前のサラリーマンが住宅ローンを払い終えるだけの月日が経ったのだ。

あれから日本では、電動キックボード専用の道路ができたり、終身雇用制度が完全崩壊したり、よくわからない不思議な味がするコーヒーが流行ったりした。

『知名度は低いけどカフェイン量なら負けない。カフェ飲料　ギョクロ』

透明なガラスに似た素材を使ったボトルの画像と一緒に、都会のビルには大きな電子広告が表示されている。

「部長、今の質問、聞いていました？」後輩が俺に尋ねる。

「ああ、すみません。ぼーっとしてしまって。ええと、どこまで話しましたっけ？」

「飲料市場の動向の変化についてです」インタビュアーが言う。

「今やコーヒーや栄養ドリンクよりも飲料市場を占めている玉露ドリンクですが、サラリーマンにはコーヒー、大学生には栄養ドリンクという流行があるなかで、新たに玉露を使ったお茶を売り出した理由はなんですか？」

「人々の**『インサイト』に着目**したからです。カフェインの入った飲み物を飲むとき、集中したい人、眠気をとりたい人、それぞれにいろんな動機がありますよね？　でも、コーヒーや甘いエナジードリンクを飲んだりすると、歯に着色料がついたり、虫歯になったりで悩んでいる人が多かったんです。

　あとはそうやって眠気と闘いながらなにかを頑張っている人は、体調管理が疎《おろそ》かになりがちなので、お茶の成分であるカテキンをうまく病気予防に活かせないかなと考えました。

『虫歯にならない、歯に着色料がつかない、ついでに健康管理もできる。そんなカフェインの入った飲み物ないかなあ』みたいな。そこで、カフェイン量が多くかつカテキンが含まれている玉露に注目しました」

　あれから俺は、おじさんから学んだマーケティングの考え方をもとに企画部のなかでヒット商品を生み出すことができた。ここまで来るのにかなりの時間がかかったけど。

2年前、飲料メーカーとコラボした飲料商品を手掛けることになり、これが大ヒットした。今や店頭で見ない日はないほど人々に消費されている。それが、この玉露ドリンクだ。今日はその商品に関するインタビューを受けていた。

「新しい文化をつくるために必要なことはなんだと思いますか？」インタビュアーが聞く。

「今まであった**文化を体験する**こと、知ることです。たとえば2月14日のバレンタインデーという文化を、『読書の日』という日に変えるのは、おそらく難しいと思いますが、まずは人々がバレンタインデーをどのように過ごしているのかを探るんです。そして自分も体験してみる」

「では、商品開発をするうえで大事にしていることは？」

「調査会社に依頼するよりも、まずは**市場の、生の声を聞く**ことが大事だと思っています」

昔おじさんに言われたことは、今でもちゃんと覚えている。

「今回の商品についてコンセプトを教えてください」

俺は、にやりと笑いながら話す。

「ズバリ『自虐』です。非合理性を意識しました。たとえばコンビニがよくやる『発注ミスしちゃいました、買ってください』っていうツイート、あれってものすごいマーケティングなんですよ。

カフェインが多く含まれている飲料は、基本的には高価格です。しかも玉露なんて原価もかなり高いんです。カフェイン界にはコーヒーとエナジードリンクという二大巨頭がいるにもかかわらず、あえてその世界に、お茶として飛び込んでいくというのはあまりにも無謀すぎた。だからこそ、その弱みを企画に打ち出しました。

ついでに、**お茶は家でも飲める、しかも自販機よりも安く**という、以前の顧客のインサイトに気づいたわけです。どうせなら自販機でしか買えない理由がほしいとも考えました」

たとえ話だが、フレンチシェフと料理対決をして俺が勝てるわけがない。フォアグラのなんちゃらっていう商品を出された横で、シェフ（俺）の気まぐれパスタとかをつくっても、勝てないのだ。だから土俵から降りる。あえて、卵かけご飯で勝負したりとかね。そういうことが必要だったんだ。

　カフェインの消費量が高い学生世代に向けて、眠くなりそうな授業の前に無料で配ることから始めたこのキャンペーン。エナジードリンクやおしゃれなコーヒーが流行っている彼らに「玉露ドリンク」を渡したって、商品への期待度は低い。「無料でもらえてラッキー」くらいにしか思わないだろう。でも、**期待値が低いほど、後から逆に上がりやすい**のだ。反対もしかり、昔おじさんに教わった。

　大学生には、「この商品をＳＮＳには投稿しないでくださいね」と軽く言っておく。そして、その授業の担当教授に頼みこみ、デモンストレーションをやらせてもらうことにした。

　当日、学生世代に人気の歌手を呼び、ゲリラライブと宣伝イベントの撮影を開始。その映像がＣＭに使われた。

　大学生は大スターの登場に気分が上がってしまい、ＳＮＳに投稿しないでくださいね、なんて言われたことなんて頭に残っていない。

　たちまち、この玉露ドリンクが売れることになった。人気歌手の曲「同じ場所で戦う

なんて誰が決めた」もその年の大ヒットとなった。

おっといけない、インタビューの途中だった。商品の企画をするうえで、一番大事にしていることは？　という質問をされた。

「**大衆の気持ちを知ろうとする**ことです。

私が、タワマンに住み外車に乗って食事はすべて高級レストランで済ませていたらどうでしょう？　今までの企画はできていなかったと思います」

「少し話は変わりますが……」俺はそう言いこの話をした。

「私は昔から、自分のユニークさを出した企画がつくれないことがコンプレックスだと感じていました。普通である自分が好きではなかったのです。

でも、それは一見弱みに見えても、企画部で商品をつくったり、本当のマーケティングをするためには、必要不可欠な個性だったんです。普通の人間である私には、普通の人の気持ちがわかります」

『お前の普通っていうコンプレックスは、本当にコンプレックスか？』

今になって、このおじさんの言葉がわかる。

「最後に……感謝している人はいますか?」インタビュアーは続けた。

「入社3年目に出会った掃除のおじさんです」

笑顔で俺が答えると、周りはキョトンとした。

インタビューが終了し、外はすっかり夕暮れの空が広がっている。

「あ、どうぞどうぞ、弊社の商品をおもちください」インタビュアーに商品を渡す。

「そういえば、以前からご案内していた通り、今日は当社のパーティーがございますので、また後ほどお目にかかりましょう」

俺は今日の予定を思い出した。


その日の夜、会場に着くと、１００人くらいの人が会場に集まっていた。なんだか不思議な雰囲気である。スーツを着ている人が俺しかいない。

『文化の生みの親パーティー』すごい名前である。

もしかして会場を間違えたか、帰ろうとすると、「ちょっと待ってください」と呼び止められた。振り返ると昼間のインタビュアーがいた。

「会場はここで間違いありませんよ」その人が言った。

「そうでしたか。しかしなんだか個性的な方々が多いですねえ」なんて会話をしながら辺りを見回す。

なかでも一番目立っていたのはピエロの格好をしたおじいさんだ。なんだろうか、主催会社のマスコットキャラクターとか？

会場には、大人気の文房具を世に広めた人から、節約という文化を広めた人までさまざまな人が招待されているようだ。

俺はピエロの人を指さしながら「あの人はなにをした人ですか？」と聞くと、インタビュアーは、「あの人は……なんて言うんだろう、ちょっと特殊だからなぁ、『いろいろと』広めた人ですねえ」と言った。俺からしたらみんな特殊なんだけどなあ。

開始時刻となり、司会の声が響く。「本日はハロウィンをはじめとしたさまざまな社会の文化を広めた、ある方をゲストとしてお呼びしています」

会場がざわつく。そして、ピエロのおじいさんが挨拶をした。

「えー……本日は仮装文化と人々の感情の変化について、お話ししたいと思います。まずマーケティングとは、広告をどうやってつくるかとか、写真をどうやって撮るかとか、そんなことじゃありません。もっと根本的な、人の気持ちを……やっぱ、やめた。こんな真面目な話、みんな、つまらないでしょ」

そう言い、ピエロのおじいさんは会場の外に出て行ってしまった。

つかめないなあ。俺はなぜか入社3年目のなにも知らなかったあのときの自分を思い出していた。

少しするとピエロのおじいさんが戻ってきた。

「お待たせしました。ちょっとこれ、そこの自販機で買ってきたんだ」と言いながら、缶コーヒーを手にとり会場にいる人へ見せる。

「『懐かしい』でしょ。今時缶コーヒーなんて。今の時代は『ギョクロ』だよねえ。**懐かしいって思うってことは、今はその文化がない、または薄れているってことなんだ。**今日は、かつて私が缶コーヒーを飲むという文化を流行らせたときの話でもしましょうか」

コーヒーの文化？

『なんで、サラリーマンはコーヒーを飲むんだろうな』

あの日のおじさんの言葉が頭のなかで再生される。

「かつて自動販売機が普及し始めて間もないころ、私は自動販売機の営業をしていました。

しかし、まったく売れない。なぜかといえば、自動販売機の中身って今と違って甘いジュースがほとんどだったから。サラリーマンが飲むにはちょっと合わない。

ある朝、コーヒーを飲みながら新聞を読んでいたときに思いついた。コーヒーを飲むとシャキッとすること。皆さんにも覚えがあるでしょう。

仕事中にコーヒーが飲めたら、リフレッシュにも集中力アップにも使えるんじゃないか、つまりサラリーマンに需要があると感じた。

まずは、社内でコーヒーの需要が確認されてから自動販売機のメニューを変えようということになり、コーヒーの流行を仕掛けることにしました。

私は知り合いの会社員を集めて、ホットコーヒーを配り始めた。もちろん私お手製のね。

ドリップバッグのコーヒーを渡されても、淹《い》れるのが面倒くさいからね。配り始める順番もね、考えましたよ。まず営業成績のいい数人に飲んでもらう。そして、3か月後くらいにオフィスに置いておく。誰もが自由に飲めるように。すると、社員の半数以上が業務中にコーヒーを飲むようになったんです。

ええと、まぁこんなかたちで、『飲むのに手間がかかると人は嫌がるだろう』とか、『人間は憧れている人の真似をしたくなるだろう』とか、これって、**人とのコミュニケーションと同じ悩みその使い方**でしょう、なにかを流行らせる、文化を確立させることは、人とのコミュニケーションを市場に向けてやるだけのことだ。

話が長くなるのでここまでにしますが、改めて、マーケティングというのは、人対人のコミュニケーションが、対市場になるだけです」

ピエロのおじいさん……いや、掃除のおじいさんはそう言った。ピエロの扮装をしているから、素顔はまったくわからないけど、あの話し方、そして自由奔放さ、そしてマー

ケティングに対する考え方。あれは間違いなく掃除のおじさんである。25年前のあの休憩室を思い出す。

「あ、今日はね、コーヒー文化と打って変わって、『ギョクロ』文化を流行らせた私の弟子がこの会場にいるんだ。そいつに向けて、一言、

『マーケティングの本質を体現してくれて、ありがとう、兄ちゃん』」

会場は大きな拍手に包まれると同時に、「ハロウィンの話もしてくれ！」という声がいくつも聞こえた。「ハロウィン！　ハロウィン！」とハロウィンコールまで起き始めた。なんだか大変そうだ。

ぼーっとしている場合じゃない、おじさんを探さなきゃ。いや、ピエロの格好をしているからすぐに見つかる。普通、こういう感動の再会って、なかなかその人を見つけられなくて走るシーンとかあるんじゃないのか？　そんなことを考えながらピエロのおじいさん改め、掃除のおじさんのところへ向かう。

「おじさん」背中をトンとたたく。

「よお、兄ちゃん、よく来たな。ギョクロを流行らせたマーケティング部長は、まだ昔のコーヒー文化を忘れられないってか。さっきもコーヒー飲んでただろ」

「なんで、それを？」

「ほれ、ここ」そう言いおじさんは俺の袖《そで》を指さした。

「会場で緊張して缶コーヒーでも買ったんだろ、急いで開けたから服に飛び散った」

「えっ」そう言い、俺は自分のシャツの袖を見ようとする。

「なーんて、嘘だよ。本当はさっき、自販機でコーヒーを買っている兄ちゃんの姿が見えただけなんだけどな」

「びっくりした、驚かさないでくださいよ」俺とおじさんは25年前みたいに相変わらずだった。

「なんか、あのときに戻ったみたいですね」

「『マーケティングなんて、センスがある人しかできないんだ』なんて言ってたあの兄ちゃんがなあ」

「おじさんから教わったことを体現できてよかったです」もう「兄ちゃん」なんて歳じゃないけど。

感動の再会のはずなのだが、ハロウィンコールは大きくなるばかりである。

「そういえばおじさん、ハロウィンの話、教えてくださいよ」

「いいだろう、でもこの会場、少し落ち着かないな。このパーティーでは何十回も同じ話をしているのに。みんな物好きだな。

話をするなら、もっと狭くて、大衆料理を出している店がいいな」

「あの焼き鳥屋でも行きますか」

「そうするか」

そう言い俺らは会場を後にした。


会場を出て、街を歩く。横断歩道を見下ろすようにして建っているビルの大きな電光掲示板には、「ギョクロ」のプロモーションビデオが流れていた。

◎ VUCAの時代をどう見るか

あなたに用意されている「戦う土俵」とは1つだけではありません。

最終章の解説では、現状に悩んでいる人、困っている人、絶望してしまっている人、そんな人にいいニュースをお伝えできると思います。


突然ですが、ここでたとえ話をします。

あなたは商店街に店を構えるお蕎麦《そば》屋さんです。昔ながらの製法で、お客様においしくて手頃な値段の蕎麦を提供しようと日々頑張っています。

ところが、あなたの店の周りに高級料理やスタイリッシュな外観のお店が増えました。

あなたの店の来客数は少なくなるばかり。

さて、**あなたはどんな行動をして来客数を増やしますか？**

高級路線に変える？　おしゃれな内装に変える？

それで勝てるでしょうか。「じゃあどうすればいいんだよ……」と嘆くあなた。ご安心ください。現状は変えられます。

人々が毎日高級料理を食べ続けると思いますか？

お金がなくなるし、胃袋も疲れますよね。

周りの人々（＝外部環境）が変わっていくのだから、戦う市場にも適応していかなければ勝てません。最終章ではそんなお話をします。

５年前、あなたは新型コロナウイルスの流行を想像できましたか？

２０２２年下半期の円安を想像できましたか？

あなたが子どものころ、各国に追い抜かれてしまった今の日本経済を想像できましたか？

経済動向や流行りものなど、さまざまな情報についてコメントするいわゆる有識者は、後になってからメディアに登場します。「だったら先に予言しておけよ、後からはなんとだって言える」とツッコミたくなる人も多いはずです。

一方で今は**VUCA**《ブーカ》（Volatility, Uncertainty, Complexity, Ambiguityの頭文字をとった言葉）の時代。テクノロジーの進化によってそれに付随する変数は増えます。関連するすべての変数、それこそ交互作用も踏まえた変数を予測するのは人間には不可能なのです。

変化点が増えるほどその予測精度は低くなる方向です。それゆえに「未来予測が困難な時代になった」、これがＦａｃｔです。

そしてそのＦａｃｔを裏側から考えると、**資本力がなくてもアイディア一発で勝てるチャンス（機会）が増えた**と言い換えることもできます。

これが今の時代。つまり、「戦う土俵」は自らでつくり出すことができるのです。そしてその土俵にライバルの数が少なければ少ないほど勝率は上がります。要は、戦いを攻略したければ、あなた自身でまずはその土俵（＝市場）をつくるのです。

◎「あるべき姿」と「現状」のギャップを探す

では、どのようにして自分で市場をつくっていけばいいのか、そのポイントをご説明します。

その一つに、**世の中でまだ人々に対して与えられていないような機能的価値を見つけ出し、提供する**ことを推奨しています。

その事例として、某ファストファッショングループF社の取り組みが挙げられます。

F社の創業当時、人々が服に対して期待している価値、そして服メーカーが人々に提供している価値は、「見た目」や「ステイタス」への意識がほとんどを占めていました。

わかりやすくいえばクルマと同じです。市場には高いブランド物の服があふれ、一方でファストファッションといえば、安かろう悪かろうというイメージが強く、服における着やすさ、着心地などの機能性を重視したメーカーは少なかったのです。

しかし今はどうでしょう。寒くてもかさ張らないインナーやダウンジャケットなど、人々がメーカーに期待しているものも、メーカーが人々に提供しているもののどちらにも「着心地」という新たな機能的価値が含まれています。

同社は新しい機能的価値に気づき、それを提供して新たな市場をつくり出しました（言い換えれば、服におけるネガティブな要素である着心地と防寒の機能を両立し改善したということです）。

人はどこに価値を感じるのか

人が感じる「価値」を要素分解していくと、
基本的には「機能的価値」と「情緒的価値」の2つに分けることができる。
また、機能的価値の創出は市場づくりにおいては普遍的なものになりやすい。

機能的価値

「便利で効果をもたらすような価値」のこと。クルマでいえば、今では当たり前となっているパワステ（パワーステアリング）やオートマ（オートマティックトランスミッション）の技術など。パワステがついたことによって、クルマの旋回はずいぶんとラクになり、オートマ車の登場で、運転する際のクラッチ操作が必要なくなり、多くの人にとって運転はかなり簡単になった。

情緒的価値

「人のエモーショナルな感覚によってもたらされる価値」のこと。必ずしも「便利」や「効果的」という言葉とは紐づかない。
クルマでいえば、見た目やデザインが当てはまる。「格好いい」「ダサい」という要素は、クルマの売れ行きに最も影響を与える感情的な因子。ほかにも「きれい」「おいしい」「面白い」など、情緒的価値は多種多様な商品やサービスに存在している。

機能的価値について考えているときは、情緒的価値の存在を忘れがちになってしまう。また、それが逆になることもある。価値には2つの側面があることを頭に叩き込んで、自分が今追い求めているものを見失わないようにしよう。

そして、機能性の高い服を安い価格で提供するというノウハウを確立し、ほかのアパレルメーカーとは異なる価値を市場に提供することに成功しました。高価格でブランド価値のある服という土俵で戦うのではなく、安くて着心地も質もいい服という新たな戦う土俵をつくっていったのです。

「服を変え、常識を変え、世界を変えていく」。まさに同社が掲げている理念と一致したイノベーションの事例です（同社は採用活動に関してもこの理念を一貫して適用しており、おそらく会社にぶら下がるような人は採らないという意味を込めて、「経営者求む」というキャッチコピーを掲げていたのでしょう。まさに常識を変えようとしています）。

機能的価値の探し方については、**日常における小さな「あれ？」を「自らの目線で」集めること**（市場調査では決して発見はできません）、そして**アイディアを生み出す**こと、**その実現に向けて行動数を最大限に増やす**ことが必要になります。

◎ 弱みを見せてはいけないと思っていませんか

ここで、先ほどの「ギョクロ」の事例を振り返ってみましょう。

商品企画部のタツヤはお茶の新商品を考えることになりました。そして、おじさんに発想方法を鍛えられたタツヤは覚醒しました。

「コーヒーやエナジードリンクに代わるお茶をつくれないだろうか」

若者のお茶離れは進んでいる。忙しい現代人はカフェインが多いコーヒーやエナジードリンクを好んで飲んでいる。

このままではお茶の市場が縮小してしまう一方だ。なんとかしてコーヒーなどが独占している市場に参入できないだろうか。

そこでタツヤは考えます。

まずは人々が好んで飲んでいるコーヒーやエナジードリンクのことを調べます（一番やってはいけないことは、**現状を否定する**こと。そして**自分が考えたものを肯定し市場に押し付ける**ことです。市場に自分の考えを押し付ける、それが許されるのはアートの世界だけ。私たちがつくっているのは商品やサービスです。その違いを皆さんは区別できていますか？）。

そしてタツヤは現状を分析しました。

【コーヒーのネガティブ要素】

- 歯に着色してしまう
- 服などにこぼれた際にシミになる
- 飲みすぎると口臭の原因になる
- 飲みすぎると貧血の原因になる（タンニンという物質が原因で起こります）

【エナジードリンクのネガティブ要素】

- 砂糖を使っている商品が多く、カロリー過多になりやすい
- 虫歯の原因になりやすい
- 食品添加物が多く含まれ、習慣的に飲むには健康上のリスクがある
- 女性が手にとりづらい

逆に「ギョクロ」が提供できている機能的価値についてタツヤはこう考えました。

- カテキンによる殺菌作用
- カテキンによる抗がん作用
- テアニンによるリラックス効果（カフェインによる興奮作用を抑制する）

そして現在、カフェイン市場の多くを占める飲料のネガティブ要素を、ギョクロにしかない機能的価値で補うかたちで、さらにこれまでのお茶への不満も払拭するかたちのアイディアを生み出しました。

「健康管理もできてカフェイン量も高いお茶」

【特徴】

- カテキンで殺菌作用（静岡県ではお茶でうがいする習慣があり、実際にインフルエンザの発症率も低いというデータも得られています）
- 0カロリー
- 食品添加物不使用

- 砂糖不使用
- これまでのギョクロ入りお茶ではなく、高級ギョクロをメインにしたお茶（お茶にブランド価値をもたらした）

そしてPRでは、あえてこれまでのギョクロの弱い部分を打ち出しました。『知名度は低いけどカフェイン量なら負けない。カフェ飲料。ギョクロ』なんてキャッチコピーで。

違和感がありますか？

なぜコーヒーやエナジードリンクに勝てるようなメリットを書かないのか？

それは、**書いても「第一印象」はつかめない**からです。

まずは注目してもらう。そのために必要なのは弱点です（これについては、すべてにおいて当てはまるわけではないことと、弱点の打ち出し方に注意が必要ですが）。

弱みというのは、悪いものでしょうか。

カッコ悪いもの、周りに見せてはいけないものなのでしょうか。

いいえ、**弱みというのは個性**。いくらでも使いようがあります。

また、例として挙げたコーヒーとエナジードリンクは、通常、「市場比較」されますか？

されませんよね。F社もギョクロも、新たな土俵を自らでつくり出した。そしてそこには敵はいない。ギョクロの場合、眠気を覚ますという従来のカフェイン商品が戦ってきた市場ではなく、健康管理もできてカフェイン量も確保できるという別の市場をつくったのですから。しかも従来のお茶とも差別化をして。

誤解のないよう書いておきますが、**自分で市場をつくるとは、周りと逆のことをすればいいというわけではありません。**また、**とにかく目立つことをすればいいというわけでもありません。**

目立つだけ目立って、結局マーケットにはなんの影響も及ぼしていない会社もあります。目立つだけというのは、知名度をお金で買っているだけ。それはただの自己満足です。

そうではなく、**潜在、顕在にかかわらず人々のニーズに気づき、それに対して真正面から戦わず、別の角度からも攻めていく**。これが戦い方として戦いを略すること、つまり筋のいい戦略です。

◎最短ルートで問題を解決する最終兵器

この「戦いを略す」うえで、タツヤが使った思考法がまさに「**ラテラル・シンキング**」です。最後にこの考え方について紹介します。

ラテラル・シンキングとは、自分の考えや固定概念、一般〝常識〟に囚われず、新しい発想で、問題を瞬時に解決するための思考法です。

真正面からではなく、抜け道を考えてみる。

言い方を選ばずにいうと、情報を見落とさずに誰よりも最短で到達する解法を考えるということです。

私自身、問題意識をもっていたある事柄について、ラテラル・シンキングを用いて取り組んだことがあります。

思考のレッド・オーシャンから抜け出す

点 A と点 B と書かれた紙があるとします。
この点 A と点 B を結ぶ最短のコースはどのようなものになるでしょうか。

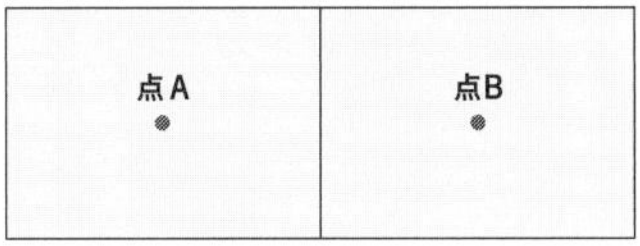

普通に考えれば

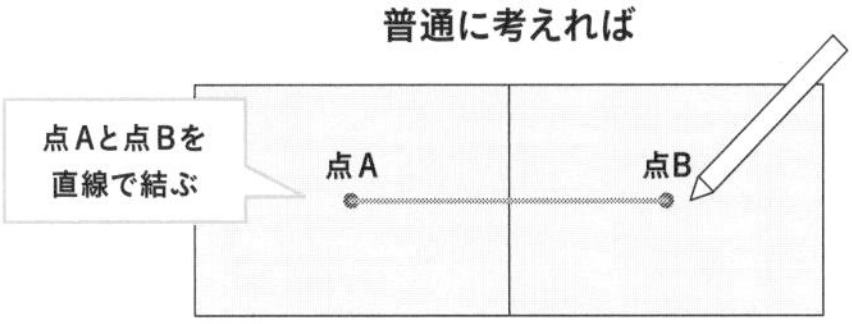

問題文の「点 A と点 B と書かれた紙があるとします」
という部分に注目して考えてみると

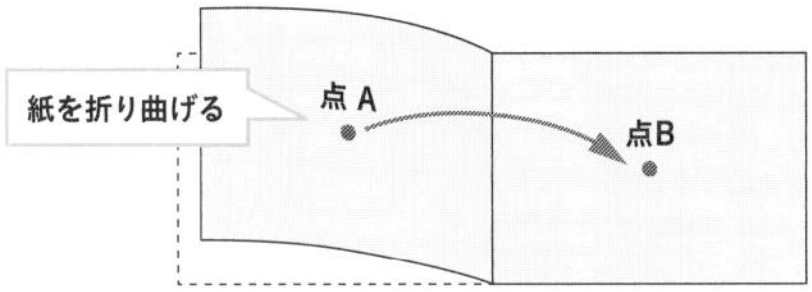

情報を正しくシンプルに読み解き、切り口を見つけることが大事

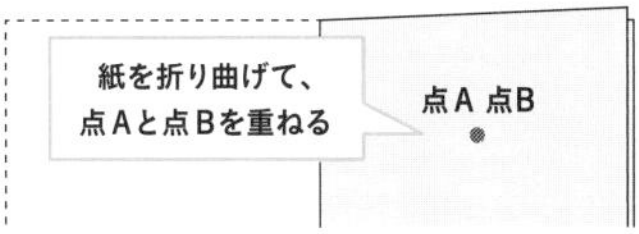

たとえば、はじめての著書の『トヨタの会議は30分』のタイトルコピーがそうでした。読んでくださった人はご存じだと思いますが、あの本は会議の本というよりも、ビジネスシーンにおける有機的なコミュニケーションを軸にしたノウハウ本です。

もちろん会議についても書いていますが、書籍の中身が全部、会議ノウハウに特化した本ではありません。では、なぜ書籍の名前を『トヨタの会議は30分』としたのでしょうか？

そこには書籍の内容とは別の理由がありました。

弊社は経営コンサルティングを生業としている会社で、クライアントに対して組織マネジメントや生産性向上に資するコンサルティングも行っています。しかし、我々はまだまだ小さな会社ですので、そのようなクライアントの課題（特に生産性課題）について、一社一社丁寧に意識改革と仕組みづくり、及びノウハウの伝授を行うしか術はありませんでした。

ただこのやり方では、たとえば日本中の会議の効率化を行うことはできず、弊社がこの先50年続いたとしても、仕事をさせていただけるのはせいぜい一年あたり10社、トータルでも５００社にすぎません。日本中の会議を効率化することなんて、到底できませんでした。

そこであのタイトルです。タイミングよく書籍執筆の話をいただいたので、最終的にあの**書籍のタイトルによって日本の生産性（特に会議）を一挙に変えることはできないか**と考えました。

ここは私の直感もあり、版元の出版社が日本経済新聞やＪＲ東日本全線をハックするようなかたちで大々的な広告展開を打ってくださると踏んでいたので、この強いキャッチコピー一本で日本の生産性向上にも大きく貢献できるのではないかと考えたのです。

つまり、**本を買わない層（広告だけを見る層）にも影響を及ぼすよう戦略をラテラルに仕掛けました**。

その結果、のちにある調査会社に調べてもらったのですが、その戦略が予想を超えて功を奏したことがわかってきました。かなり少なく見積もっても〝年間で〟数兆円規模の経済効果（原価低減効果）はあったのでは、という試算でした。

もしも日本企業全体の会議時間の中央値が1時間であり、それが半分に短縮されたのであれば、さらに言うとダラダラ会議が減ったのであれば、そしてこれまでの会議の常識に少しでも疑問をもつ人が増えたのであれば、これほどうれしいことはありません。コンサル冥利に尽きます。

ラテラル・シンキングについて、まずは、私自身の体験談をご紹介しましたが、歴史的にみても諸葛孔明の10万本の矢の逸話や、織田信長が今川義元に勝利した桶狭間の戦いなど、さまざまな場面でラテラル・シンキングが応用されていたと考えられます。

◎ロジカル・シンキングの限界を超える

ラテラル・シンキングを行ううえで重要視すべき視点は大きく4つあります。

①「不」に気づく
②「なぜ」を考える
③理想の状況を明確化する
④解決策を模索する

特に④の解決策を模索するフェーズは〝ひらめき〟が必要であり、**ロジカルな脳では**

生み出すことは困難です。

自身のちょっとした気づきを内在化できるかどうか、これに尽きます。

高校の制服のデザインを変えることで、受験倍率が変わるケースさえあります。

本の表紙のデザインが売上を左右することだってあります。

これは私の仮説にすぎませんが、おそらく、大衆の心を動かせる人は（大衆の心が動くポイントに気づいている人は）、①の「不」にとても敏感です。

もしかしたら、孔明は夜中に田んぼ道を歩いていたとき、稲穂が干されている様子を見て人だと勘違いし驚いた経験をもとに、10万本の矢のアイディアを思い浮かべたのかもしれません（私の想像です）。

日々のちょっとした気づきを内在化できれば、戦略を組み立てマーケットをイングできる（動かせる）ようになるのかもしれません。

ここまでラテラル・シンキングの話をしてきましたが、最後の最後に大事なことを1つだけ伝えさせてください。

最後はどこまで行っても、エンドユーザーの気持ちになれるかどうか、です。

B2Bでも最終的にはその向こうに必ずエンドユーザーが待っています。

商品を買ってくださるのはお客様なのです。

そして、人々の日常行動はそう簡単に変えられるものではありません。だからこそ、そんな人々の価値観を変える仕事ほど面白いものはないと私は思います。

たとえその功績が人に知られなくても、自分がマーケットをイングしたというその事実に勝る醍醐味はないでしょう。

そして、歴史や多くの情報に触れて「ふむふむ、なるほど」と感心するだけでは、単なる物知りな人で終わってしまいます。

あなたがやるべきことは、この本で**知ったことや学んだことを通して自分なりに考えてみる**こと。

そして、**仕入れた情報をもとに、失敗と試行錯誤を繰り返し、成功するまで行動し続**

けること。これがマーケティングのみならず、すべてのビジネスパーソンにとっても大きな成果を上げるために必要ことではないかと考えます。

さらに、自分が得てきた知見やノウハウやアイディアは惜しみなく市場に「一つの情報」として共有していく姿勢も、一人の社会人として必要だと考えます。しかも「倍返し」「恩返し」の精神で。

おわりに

本書を最後まで読んでいただき、ありがとうございます。

いかがだったでしょうか？

『マーケターのように考える』、少しはお役に立てたでしょうか？

マーケティングのみならず、結局はどの職に就いても「自分で考えてなんとかする力」が求められる、**知識重視ではなく、そんな知恵勝負の時代**に移行しつつあります。

今回はゼロからイチを生み出す職業である企画職を例に挙げ話を進めてみましたが、「はじめに」でも書いたように、このマーケター的思考力はどの仕事においても汎用できる武器になるのではないかと考えています。

特に、経営コンサルタントの仕事をしていると、ゼロイチでものごとを考えることが苦手なクライアントにも数多く出会います。もしかしたらこれまでの受験教育システムのあり方までもが関係しているのかもしれませんが、躍進する世界各国はそんな日本を待ってはくれません。

私はこれまで、日本や世界の第一線で活躍しているビジネスパーソンのみならず、アーティスト、俳優、スポーツ選手にもお会いしてきましたが、そんな成果を出してこられた方々には、共通する考え方があったように思います。

それが本書でいうところの「マーケター思考」でした。

熾烈な競争を勝ち抜くために「**頑張り方を定めたうえで頑張ること**」を実践し、成果を出しておられる方がほとんどでした。

現状を疑い、常識を疑い、自らの戦い方を見いだす。

そんな方々に数多く出会わせていただきました。

一方で、日本では新卒で大企業に入れば安泰といった昔話はとうに消えつつあります。もしかしたら昭和後期から平成まで、この国の環境が恵まれすぎていたのかもしれません。

昨今では、将来に不安を抱えている若い人も少なくないと思いますが、自分の人生は自分でなんとかするしかありません。

プロアスリートと同様に、「成果主義の時代」がビジネスマンにも求められるようになりつつあります。そんなときに頼れるのは自分しかいないのです。

そして、そんな時代だからこそ、「時代を見据えた〝備え〟のきっかけとなる本を書いてほしい」というお話を出版社の方からいただき、その思いに共感し、今回、この『マーケターのように考える』を執筆しました。

本書が少しでもお役に立てたのなら、著者としてこれ以上の喜びはありません。

また、本書を上梓するにあたっては、茅場菜月さん、大和書房の三輪謙郎さん、同社の方々をはじめ、本当に多くの方にお世話になりました。この場を借りてお礼申し上げます。

特に執筆を陰ながら支えてくれた家族や会社の仲間に「ありがとう」の言葉を贈ります。そして私を育ててくださった古巣であるトヨタ、ＴＢＳ、アクセンチュア、及び数多くのクライアントの皆さまにも感謝申し上げます。

最後に、本書を手にとってくださった読者のみなさま全員に、何事にも脅かされない幸せな人生が訪れるようお祈りして、筆を置かせていただきます。

山本 大平

山本大平（やまもと・だいへい）

戦略コンサルタント・事業プロデューサー。F6 Design株式会社代表取締役。

1978年大阪府生まれ。京都大学大学院エネルギー科学研究科修了。2004年、新卒でトヨタ自動車に入社。長らくエンジニアとして新型車の開発業務に携わる。トヨタグループのデータ解析の大会で優勝経験を持つほか、副社長表彰、常務役員表彰を受賞。在籍時には推計約300億円の原価改善を達成。

その後TBSへ転職。日曜劇場、SASUKE、レコード大賞など、主に看板番組のプロモーション及びマーケティング戦略に従事。さらにアクセンチュアにて経営コンサルタントの経験を経て、経営コンサルティング会社F6 Design社を創業。企業/事業の新規プロデュース、ブランディング、AI活用といった領域でのコンサルティングを得意としている。さらに最近では組織マネジメントや生産性向上におけるコンサルティングにも注力。

これまでにアコーディア・ゴルフ執行役員CMO、DMM.make AKIBA戦略顧問、BNGパートナーズCMO、SCENTMATIC株式会社 戦略顧問/CMOなど、大手からベンチャーまで数多くの企業の要職を歴任・兼任中。

2021年に刊行された初著書『トヨタの会議は30分』（すばる舎）は10万部を突破。2022年には2冊目となる『独立思考』（朝日新聞出版）を上梓。趣味はアウトドア、野球。

F6 Design株式会社　https://f6design.co.jp/
Voicyチャンネル　https://voicy.jp/channel/3328

「仕事《しごと》ができない」と言《い》われたら
マーケターのように考《かんが》える

2023年5月5日　第1刷発行

著者 ―――― 山本大平《やまもとだいへい》
発行者 ―――― 佐藤 靖
発行所 ―――― 大和《だいわ》書房
東京都文京区関口1-33-4　〒112-0014
電話　03（3203）4511

ブックデザイン ―― 成宮 成（dig）
図版制作 ―――― dig
イラスト ―――― 大野文彰

本文印刷 ―――― 厚徳社
カバー印刷 ―――― 歩プロセス
製本所 ―――― 小泉製本

ISBN 978-4-479-79781-4

http://www.daiwashobo.co.jp/